集宁师范学院博士创新科研基金项目"创新创业教育与、业教育融合路径的研究"（JSBSJJ2327）资助出版

高校创新创业教育研究

葛　晖　著

中国言实出版社

图书在版编目(CIP)数据

高校创新创业教育研究 / 葛晖著 . -- 北京 : 中国
言实出版社, 2023.12
ISBN 978-7-5171-4672-8

Ⅰ.①高… Ⅱ.①葛… Ⅲ.①高等学校—创造教育—
研究—中国 Ⅳ.①G640

中国国家版本馆 CIP 数据核字 (2023) 第 210101 号

高校创新创业教育研究

责任编辑：张国旗
责任校对：代青霞

出版发行：中国言实出版社
      地   址：北京市朝阳区北苑路180号加利大厦5号楼105室
      邮   编：100101
      编辑部：北京市海淀区花园路6号院B座6层
      邮   编：100088
      电   话：010-64924853（总编室）   010-64924716（发行部）
      网   址：www.zgyscbs.cn   电子邮箱：zgyscbs@263.net

经   销：新华书店
印   刷：河北万卷印刷有限公司
版   次：2023年12月第1版   2023年12月第1次印刷
规   格：710毫米×1000毫米   1/16   11印张
字   数：160千字

定   价：68.00元
书   号：ISBN 978-7-5171-4672-8

前　言

　　创新创业教育是一个新的教育领域，加强创新创业教育已成为世界教育发展和改革的新趋势。当前，创新创业教育在世界各国都受到普遍重视，成为当今高等教育现代化的发展方向，培养与开发创新创业人才成为提升国家核心竞争力的重要手段。

　　创新创业教育，首先是教育。它的教育价值，高于经济价值和政治价值，我们所要研究的创新创业教育的意义，不仅在于服务经济发展，促进就业，更重要的在于培养人，解放人，激发人的潜能，实现个人超越，这是教育的意义所在。创新创业教育有利于促使学校回归本位、教育回归本质、学生回归本真。李家华教授曾经这样解释创业教育，他说：创业教育其实是素质教育体系，旨在促进人的发展和创业文化的培育，不为成功，追求成为最好的自己。我特别欣赏这句话，因为它反映出了教育的真谛。

　　高校开展创新创业教育，是时代发展和现实的必然要求，也是高等教育改革的必然趋势。高校创新创业教育可以推动教育的革新，促进大学生的全面发展，培养大学生未来就业所需要的首创精神、冒险精神和独立工作能力以及技术、社交、管理技能。

　　创新创业教育，其次是一种文化。高校应该创设一种文化氛围，不同的高校有着不同的文化氛围，它是沉淀于师生行动之间的一种思维习惯，高校的创新创业教育要大力营造创新创业教育的文化氛围，激活唤醒学生的创新创业意识，培养学生的创新创业精神，提升学生创新创业的综合能力。

　　实施创新创业教育，高校首先要转型，要把应用型人才作为培养目标，着重培养大学生的创新创造能力和应用技能，要更关注未来的职业市场发展趋势和创新创业活动，不断调整人才培养计划以适应社会发展的需求。要把创新创业教育融入思政教育和专业教育当中，要构建科学、灵活、丰富的课程体系，从教学理念、教学管理制度、教学方法等方面不断改进，促进形成有利于大学生创新创业能力快速成长的平台。要组建高水平创新创业师资团队，促进形成具有创新思维的专业师资队伍，促进学科教学与市场需求的结合。要促进形成产学融合的创新创业教育实践体系，创新创业教育活动不是封闭在校园内的自我欣赏的活动，而是积极应对环境挑战的主动型的反应活动。

创新创业教育的生命在于实践，同时在实践中发现其意义。所以要利用校外基地、创业孵化园、大学生社团、创新创业大赛等平台开展丰富的创新创业教育实践活动，提高学生的动手操作和实践能力，动手操作与思维的活泼、敏捷是密切相关的，只有不断提高动手操作能力，才能发展创造性思维。

高校要充分认识开展创新创业教育的重要意义，并通过一系列行之有效的措施和途径开展高校创新创业教育。笔者多年从事大学生创新创业教育工作，致力于高校创新创业教育的研究，总结出有关高校创新创业教育工作的一些经验，希望能给创新创业教育工作者一些启示，也希望能将创新创业教育提升到一定的理论高度，为今后的高校教育实践提供帮助。

在写作的过程中，笔者参考和引用了国内外许多专家学者的研究成果，在此表示诚挚的谢意。

虽然在研究方面下了很大的功夫，但是由于自己才力有限，对相关方面的研究还有待进一步深入细化，书中如有不足与缺憾，恳请专家、学者和同行批评指教。

2022 年 7 月

目　录

第一章　创新创业教育的内涵

第一节　创新创业教育的概念

一、创新的概念

"创新"一词出自《南史·后妃传上·宋世祖殷淑仪》："据《春秋》，仲子非鲁惠公元嫡，尚得考别宫。今贵妃盖天秩之崇班，理应创新。"在今天，创新是指以现有的思维模式提出有别于常规或常人思路的见解为导向，利用现有的知识和物质，在特定的环境中，本着理想化需要或为满足社会需求，而改进或创造新的事物、方法、元素、路径、环境，并能获得一定有益效果的行为。

创新从哲学上说是一种人的创造性实践行为，这种实践为的是增加利益总量，需要对事物和发现进行利用和再创造，特别是对物质世界矛盾的利用和再创造。人类通过对物质世界的利用和再创造，制造新的矛盾关系，形成新的物质形态。

创新的社会学概念是指人们为了发展需要，运用已知的信息和条件，突破常规，发现或产生某种新颖、独特的有价值的新事物、新思想的活动。

创新的本质是突破，即突破旧的思维定势、旧的常规戒律。创新活动的核心是"新"，它或者是产品的结构、性能和外部特征的变革，或者是造型设计、内容的表现形式和手段的创造，或者是内容的丰富和完善。

经济学上，创新概念的起源为美籍奥地利政治经济学家熊彼特在 1912 年出版的《经济发展理论》。熊彼特在其著作中提出：创新是指把一种新的生产要素和生产条件的"新结合"引入生产体系。它包括五种情况：引入一种新产品，引入一种新的生产方法，开辟一个新的市场，获得原材料或半成品的一种新的供应来源、新的组织形式。熊彼特的创新概念包含的范围很广，如涉及技术性变化的创新及非技术性变化的组织创新。

1962 年，伊诺思在《石油加工业中的发明与创新》一文中首次直接明确地对技术创新下定义，"技术创新是几种行为综合的结果，这些行为包括发明的选择、资本投入保证、组织建立、制订计划、招用工人和开辟市场等"。

二、创新教育的概念

创新教育就是以培养人们创新精神和创新能力为基本价值取向的教育。其核心是在普及九年义务教育的基础上，在全面实施素质教育的过程中，为迎接知识经济时代的挑战，着重研究与解决在基础教育领域如何培养学生的创新意识、创新精神和创新能力的问题。

创新教育的内容大致分为：思维教育、发现教育、发明教育、信息教育、学习教育、渗透教育、艺术教育、参与教育、未来教育、个性教育、和谐教育等。着重培养创新精神、创新能力、创新人格。

创新精神主要包括有好奇心、探究兴趣、求知欲，对新异事物的敏感，对真知的执着追求，对发现、发明、革新、开拓、进取的百折不挠的精神，这是一个人创新的灵魂与动力。

创新能力主要包括创造思维能力，创造想象能力，创造性的计划、组织与实施某种活动的能力，这是创新的本质力量之所在。

创新人格主要包括创新责任感、使命感、事业心、执着的爱、顽强的意志、毅力，能经受挫折、失败的良好心态，以及坚韧顽强的性格，这是坚持创新、做出成果的根本保障。

创新是人的本性，人人都具有创新的潜能与倾向；创新是人生存的需要，只要人存活一天就片刻也离不开创新。问题的关键是我们后天的教育是否尊重、保护并培育了这种潜能，激发、促进并满足了这种需要。《学会生存：教育世界的今天和明天》曾指出："教育既有培养创造精神的力量，也有压抑创造精神的力量。"人的创新精神与能力不完全是由先天因素决定的，后天的教育因素也是重要的决定力量。所以，创新教育应具有全体性，应面向每一个学生。

创新是对教育模式、教育制度和教育观念的全局性改变，并不是局部的修改和增减，它应贯穿于课堂教学、课外活动和日常教育生活等方方面面，成为全部现代教育的精神特质，局部性的教育创新不可能是真正意义上的创新教育。其中，课堂教学是创新教育的主渠道，也是学校教育改革的着重点。所以，创新教育还具有全面性，是教育系统的整体性改造。

创新不仅是一种智力特征，更重要的还是一种人格特征或个性特征，是一个人综合素质的凝结性表现，是一个人的自我超越和自我发展，是一个人潜能和价值的充分实现。在人的智力水平相当或恒定的情况下，非智力因素往往起着决定性的作用，许多有创新精神的人并非智力超群，而是非智力的人格特征出众。单纯的智力活动只能培养匠人，而不可能培养大师。所以，创新教育还具有综合性，是个体生命质量的全面提升。

创新教育必须与道德教育整合，培养人的同情心和责任感，把人的创新精神与创新能力引向为人类造福的方向上来。所以，创新教育具有双重性，现代教育必须致力于相互整合、兴利去弊。

创新能力是创新的智慧特征，是主体创新的活动水平与技巧，它包括创新思维和创新活动两大方面。

创新思维是个体在观念层面新颖、独特、灵活的问题解决方式，创新思维是创新实践的前提与基础，如果想不到是不可能做得到的。经验性的研究表明，具有创新思维的人常常感受敏锐，思维灵活，能发现常人不易察觉的问题并能多角度地考虑解决办法；理解深刻，认识新颖，能洞察事物本质并能进行开创性思考；思维辩证，实事求是，能合理运用发散与辐合、逻辑与直觉、正向与逆向等思维方式，不走极端，能把握事物的中间状态等。这些品质是基础教育阶段思维训练的重点。

创新活动是个体在实践层面新颖、独特、灵活的问题解决方式，创新活动是创新思维的发展与归宿，经不起实践检验的思维是没有价值的。经验性的研究表明，具有创新活动能力的人往往实践活动经历更加丰富，经受过大量实践问题的考验；乐于动手设计与制作，有把想法或理论变成现实的强烈愿望；不受现成的框架束缚，不断尝试、不断反思、不断纠正；愿意参加形式多样的活动，乐于求新、求奇，乐于创造新鲜事物等。这些也是基础教育应考虑的创新素质目标。

三、创业的概念

创业是创业者对自己拥有的资源或通过努力对能够拥有的资源进行优化整合，从而创造出更大经济或社会价值的过程。创业是一种需要创业者组织经营管理、运用服务、技术、器物作业的思考、推理和判断的行为。根据杰弗里·蒂蒙斯所著的创业教育领域的经典教科书《创业学》的定义：创业是一种思考、品行素质，杰出才干的行为方式，需要在方法上全盘考虑并拥有和谐的领导能力。

创业能力是一种核心能力，它对个人在各种工作领域激发创造力和革新性至关重要。创业能力包括创业态度、创造性和革新能力，把握和创造机会的能力，对承担风险进行计算的能力；懂得一些基本的企业经营概念，如生产力、成本和自我创业的技能。

联合国教科文组织在 1998 年发表了《21 世纪的高等教育：展望与行动世界宣言》，其中指出 21 世纪的青年还应当拥有第三本"教育护照"，即创业教育。

联合国教科文组织于 1999 年 4 月在汉城（今首尔）举行的第二届国际

职业技术教育大会，突出强调要加强创业教育，着重培养学生的创业能力。会议指出，为了适应 21 世纪新的挑战和变革的需求，教育和培训必须加强培养学生的创业能力。

2014 年 12 月，教育部正式公布印发的《教育部关于做好 2015 年全国普通高等学校毕业生就业创业工作的通知》(以下简称《通知》)，鼓励扶持开设网店等多种创业形态。

《通知》指出，高校要建立弹性学制，允许在校学生休学创业，并聘请创业成功者、企业家、投资人、专家学者等，担任兼职导师，对创新创业学生进行一对一指导。《通知》还要求，高校要开发开设创新创业教育专门课程，纳入学分管理；组织学生参加各类创新创业竞赛、创业模拟等实践活动。

根据 2014 年公布的新一轮"大学生创业引领计划"，将力争在 4 年内扶持 80 万大学生创业。为此，《通知》要求，落实好创业培训、税收减免等各项优惠政策，鼓励扶持开设网店等多种创业形态。

创业教育是使受教者具备从事创业活动所需要的综合能力。年轻的创业家在全球的影响力越来越大。根据硅谷著名天使投资人罗恩·康韦对超过 500 家初创企业的调查发现，在市场价值超过 5 亿美元的初创企业中，有 67% 的创始人创办企业时年纪都低于 30 岁。

四、创新创业教育

创新创业在全球各个国家已经成为经济繁荣、社会发展的"发动机"与"助推器"。其功能主要表现为创业活动打破原有经济的均衡并创造新的经济形式、创业行为对增加一个国家的经济财富有明显的作用等。对此，各国积极地在高等教育领域引入创新创业教育，教授创业的知识、思维和技能，以便促进创业型中小企业涌现、拉动经济增长。

（一）创新创业教育的概念

创新创业教育是一种新的教育观念，加强创新创业教育已成为世界教育发展和改革的新趋势。1991 年，东京创业创新教育国际会议从广义上把"创业创新教育"界定为：培养最具有开创性个性的人，包括首创精神、冒险精神、创业能力、独立工作能力以及技术、社交和管理技能的培养。

百度百科上这样界定创新创业教育的概念：创新创业教育是以培养具有创业基本素质和开创型个性的人才为目标，不仅仅是以培育在校学生的创业意识、创新精神、创新创业能力为主的教育，而是要面向全社会，针对那些打算创业、已经创业、成功创业的创业群体，分阶段分层次地进行创新思维培养和创业能力锻炼的教育。创新创业教育本质上是一种实用教育。

有学者认为创新创业教育是知识经济时代的一种教育观念和教育形式，广义的创新创业教育是培养学生的开创性精神，是一种素质教育；狭义的创新创业教育是培养学生开办一家企业的综合能力教育，目的是使学生从就业岗位的谋求者变成就业岗位的创造者。也有学者把创新创业教育看作复合教育，认为创新创业教育主要是一种兼顾创新教育和创业教育并以创业教育为重点，注重培养受教育者的创新能力、创新意识、创新思维，为受教育者创业奠定良好基础的新型教育思想、观念、模式。对此，本书把创新创业教育看作是高校融素质教育、创新教育、创业教育、专业教育为一体的新型教育形式，是以培养受教育者的创新精神、创造意识和创业能力为基本价值取向，是针对社会、经济发展新常态下的人才培养新形势而提出的一种具有创造性的教育教学理念。

创新创业教育从广义上说是指培养具有开创性的个人的教育，创新教育是指以培养具有创新思维和创新能力的人才为目标的教育体制和教育活动，创新创业教育不但体现了素质教育的内涵，而且应该突出教育创新和对学生实际能力的培养。在我国现阶段创业教育应突出强调转变学生的就业观念，提高学生的创业意识，增强学生的创业能力。伴随着知识经济的降临而萌发的创业教育，正在随着知识经济的发展而成为世界高等教育发展和改革的新趋势，而且已经延伸到职业教育和基础教育领域。

（二）创新创业教育的内容

创新创业教育的内容包括以下几个方面：

意识培养：启蒙学生的创新意识和创业精神，使学生了解创新型人才的素质要求，了解创业的概念、要素与特征等，使学生掌握开展创业活动所需要的基本知识。

能力提升：解析并培养学生的批判性思维、洞察力、决策力、组织协调能力与领导力等各项创新创业素质，使学生具备必要的创业能力。

环境认知：引导学生认知当今企业及行业环境，把握创业机会，了解创业风险，掌握商业模式开发的过程、设计策略及技巧等。

实践模拟：通过创业计划书撰写、模拟实践活动开展等，鼓励学生体验创业准备的各个环节，包括创业市场评估、创业融资、创办企业流程与风险管理等。

（三）创新创业教育的特点

1. 更注重学生创新创业意识的培养，引导学生以"被动适应社会"的求职者转变为"主动适应甚至挑战社会"的建设者。

2. 强调系列课程体系的开发。针对创新创业内容，开设创业者养成、创业规划与经营管理、新兴企业融资、企业成长战略等课程。

3. 注重通过模仿等实践形式使学生获得更多感性体验。可以通过开办各种创新创业计划和竞赛，在实践中让学生全面接触创新全过程和创业的乐趣与意义。

4. 以厚实的学术研究为支撑。高校应具备各类创新研究中心或者创业中心等机构，为前沿课题的学术基础研究提供平台。

5. 能够直接诱发师生的创新创业活动。学校为师生提供创新的方向和途径，提高新企业的创建率。

6. 创业教育以创新教育为基础，创新教育以创业教育为最终的实现形式。

（四）创新创业教育体系

教育部在《关于大力推进高等学校创新创业教育和大学生自主创业工作的意见》中指出："在高等学校开展创新创业教育，积极鼓励高校学生自主创业，是教育系统深入学习实践科学发展观，服务于创新型国家建设的重大战略举措；是深化高等教育教学改革，培养学生创新精神和实践能力的重要途径；是落实以创业带动就业，促进高校毕业生充分就业的重要措施。"

政府高度重视高校创新创业教育活动的开展，坚持强基础、搭平台、重引导的原则，打造良好的创新创业教育环境，优化创新创业的制度和服务环境，营造鼓励创新创业的校园文化环境，着力构建全覆盖、分层次、有体系的高校创新创业教育体系。创新创业教育可以推动教育的革新，促进大学生的全面发展和社会进步，有助于大学生明确创业意向，促使其将专业知识转化成创业成果。实现创新创业教育的成功应集合政府、高校、学生和社会各方面的力量，积极组织引导，搭建发展平台，群策群力，争创大众创业万众创新的良好局面。

要提高大学生的创新创业能力，形成良好的创新创业教育氛围，建设完善的创新创业培育体系，形成一个像生态体系一样的良性循环系统，构建一个全方位的立体创新创业教育生态培育体系。这一体系包括高校、政府、企业、家庭、学生等多个子系统，各子系统之间相互联系、相互作用、相互支撑，构成一个完整的创新创业教育培育体系。

作为高校创新创业教育体系的主干，高校在创新创业教育培育体系中发挥着关键作用。

作为参与者和协助者，政府是高校创新创业教育生态系统中的重要一环，发挥着重要作用，能够在政策制定、资金支持、舆论导向、服务体系、部门协调等多方面为高校创新创业教育创造良好的外部环境，起到难以替代的积极作用。

各种企业尤其是知名企业在高校的创新创业教育中起着重要的示范作用，它们是大学毕业生创新创业的最直观的感受和奋斗目标，因此，企业在高校的创新创业教育中担负着不可推卸的社会责任。

创新创业教育的最终落脚点在学生，只有学生接受了创新创业观念，并勇于去实践创新创业，才能说创新创业教育起到了实际的效果。每一个学生的背后都有一个家庭，家庭的支持是学生实践创新创业的有力保障。

第二节　高校创新创业教育的意义

一、高校创新创业教育面临的形势

在产教融合、创新驱动发展新形势下，无论是学生个人、高校还是政府、国家的发展，都为高校创新创业教育提供了机遇。

（一）大学生创新创业能力不断提升

在高校不断开展创新创业教育的情况下，大学生的创新意识和创新能力不断提升，大学生有能力利用各种有利条件，不断完善自身的知识和能力结构，更好地达到完善自我和适应社会的目的。大学生通过接受创新创业教育具备创新创业的意识和能力，在今后的工作中能够发现创新点，实现自己的价值，也可以通过创业来实现自己的梦想，证明自己的实力。

（二）高校创新创业教育面临挑战

高校创新创业教育实施多年来取得一定的成效，但在不断变换的市场环境下又会面临很多挑战，高校亟需解决创新创业教育的内容和形式单一，创新创业教育模式、创新创业服务体系不够健全的问题。高校拥有丰富的青年人才资源，学术思想活跃，学科门类齐全，是知识传承、创新和应用的主要基地，如何通过科技创新活动得到创新创业教育的最好普及，是高校面临的挑战。

（三）国家政策与制度对高校开展创新创业教育的支持

教育部在《关于大力推进高等学校创新创业教育和大学生自主创业工作的意见》（教办〔2010〕3号）中指出："在高等学校开展创新创业教育，积极鼓励高校学生自主创业，是教育系统深入学习实践科学发展观，服务于创新型国家建设的重大战略举措；是深化高等教育教学改革，培养学生创新精神和实践能力的重要途径；是落实以创业带动就业，促进高校毕业生充分就业的重要措施。"

2012年8月，教育部办公厅下达关于印发《普通本科学校创业教育教学基本要求（试行）》的通知。文件指出："在普通高等学校开展创业教育，是服务国家加快转变经济发展方式、建设创新型国家和人力资源强国的战略举措，是深化高等教育教学改革、提高人才培养质量、促进大学生全面发展的重要途径，是落实以创业带动就业、促进高校毕业生充分就业的重要措施。"

《关于深化高等学校创新创业教育改革的实施意见》（国办发〔2015〕36号）坚持育人为本，提高培养质量；把深化高校创新创业教育改革作为推进高等教育综合改革的突破口；坚持问题导向，补齐培养短板；把解决高校创新创业教育存在的突出问题作为深化高校创新创业教育改革的着力点；坚持协同推进，汇聚培养合力，把完善高校创新创业教育体制机制作为深化高校创新创业教育改革的支撑点。2015年起，全面深化高校创新创业教育改革；2017年，形成具有中国特色的创新创业教育理念，形成一批可复制可推广的制度成果，普及创新创业教育，实现新一轮大学生创业引领计划预期目标；2020年，建立健全课堂教学、自主学习、结合实践、指导帮扶、文化引领融为一体的高校创新创业教育体系，人才培养质量显著提升，学生的创新精神、创业意识和创新创业能力明显增强，投身创业实践的学生显著增加。改革紧迫性形势凸显了提高国民素质、培养创新创业人才的重要性和紧迫性。

习近平总书记，2016年5月在全国科技创新大会、两院院士大会、中国科协第九次全国代表大会上发表重要讲话，强调实现"两个一百年"奋斗目标，实现中华民族伟大复兴的中国梦，必须坚持走中国特色自主创新道路，加快各领域科技创新，掌握全球科技竞争先机。

深化创新创业教育改革是高校践行"众创"这一基本国策的时代责任，创新驱动、"互联网+"、"中国制造2025"、众创空间等标志着中国进入"众创"时代。大众创业万众创新已成为培育和催生经济社会发展的新动力。《国民经济和社会发展第十三个五年规划纲要》提出："把发展基点放在创新上，以科技创新为核心，以人才发展为支撑，推动科技创新与大众创业万众创新有机结合，塑造更多依靠创新驱动、更多发挥先发优势的引领型发展。"

2017年12月，国务院办公厅印发《关于深化产教融合的若干意见》（国办发〔2017〕95号）指出："深化产教融合，促进教育链、人才链与产业链、创新链有机衔接，是当前推进人力资源供给侧结构性改革的迫切要求，对新形势下全面提高教育质量、扩大就业创业、推进经济转型升级、培育经济发展新动能具有重要意义。"这为高校创新创业教育的路径探索无疑是带来了机遇，为推动高校创新创业型人才培养提供了更好的发展路径。

2019年3月10日，习近平总书记参加福建代表团审议时强调："要营造有利于创新创业创造的良好发展环境。要向改革开放要动力，最大限度释放全社会创新创业创造动能，不断增强我国在世界大变局中的影响力、竞争力。"

2019年7月，习近平总书记主持召开中央全面深化改革委员会第九次会议，审议通过《国家产教融合建设试点实施方案》。这对深化产教融合、发挥企业重要的主体作用、实现人才培养模式的转型都具有重要的意义。在产教融合的背景下，高校的创新创业教育应是如何的走向，目前高校的创新创业教育在制度规范、服务创新、项目培养等方面都有了很大的提升，但是所培养的人才不符合社会用人单位的要求，这是一个瓶颈。高校创新创业教育应充分抓住此次产教融合所带来的机遇,也应在教育改革发展中实现内涵式发展及人才培养模式的转变。

2020年7月23日,国务院办公厅《关于提升大众创业万众创新示范基地带动作用进一步促改革稳就业强动能的实施意见》(国办发〔2020〕26号)中提出:"提升高校学生创新创业能力。支持高校示范基地打造并在线开放一批创新创业教育优质课程,加强创业实践和动手能力培养,依托高校示范基地开展双创园建设,促进科技成果转化与创新创业实践紧密结合。推动高校示范基地和企业示范基地深度合作,建立创业导师共享机制。支持区域示范基地与高校、企业共建面向特色产业的实训场景,加快培养满足社会需求的实用型技能人才。"

2021年10月12日,国务院办公厅《关于进一步支持大学生创新创业的指导意见》(国办发〔2021〕35号)中提出:"支持在校大学生提升创新创业能力,支持高校毕业生创业就业,提升人力资源素质,促进大学生全面发展,实现大学生更加充分更高质量就业。"意见要求提升大学生创新创业能力,将创新创业教育贯穿人才培养全过程,要优化大学生创新创业环境,加强大学生创新创业服务平台建设,推动落实大学生创新创业财税扶持政策,加强对大学生创新创业的金融政策支持,促进大学生创新创业成果转化,加强大学生创新创业信息服务。

2022年,党中央、国务院根据经济发展形势出台了新的组合式税费支持政策后,税务总局围绕创新创业的主要环节和关键领域进一步梳理归并成多项税费优惠政策措施,覆盖企业整个生命周期。

2022年4月25日,习近平总书记指出:"创新是社会进步的灵魂,创业是推动经济社会发展、改善民生的重要途径";要"激发调动全社会创新创业活力"。激发全社会创新创业活力,对于稳定和扩大就业、促进共同富裕,释放全社会创新潜能、推动新产业新技术新业态新模式蓬勃发展等都具有重要意义。

2022年5月国务院办公厅《关于进一步做好高校毕业生等青年就业创业工作的通知》(国办发〔2022〕13号)中提出:"支持自主创业和灵活就业。

落实大众创业、万众创新相关政策，深化高校创新创业教育改革，健全教育体系和培养机制，汇集优质创新创业培训资源，对高校毕业生开展针对性培训，按规定给予职业培训补贴。支持高校毕业生自主创业，按规定给予一次性创业补贴、创业担保贷款及贴息、税费减免等政策，政府投资开发的创业载体要安排30%左右的场地免费向高校毕业生创业者提供。支持高校毕业生发挥专业所长从事灵活就业，对毕业年度和离校2年内未就业高校毕业生实现灵活就业的，按规定给予社会保险补贴。"

2022年10月16日，中国共产党第二十次全国代表大会在北京人民大会堂开幕，习近平总书记在党的二十大的报告中用了比较大的篇幅谈了创新发展战略的意义和重要性，指出要坚持创新在我国现代化建设全局中的核心地位，提升国家创新体系整体效能。加快实施创新驱动发展战略，加快实现高水平科技自立自强，以国家战略需求为导向，集聚力量进行原创性引领性科技攻关，坚决打赢关键核心技术攻坚战，增强自主创新能力。要深入实施人才强国战略，尊重人才、尊重创造，完善人才战略布局。

习近平总书记的重要指示，给我们高等教育工作者提供了很好的指引。建设社会主义现代化强国，要更加深入地把创新创业教育贯穿整个培养过程，培养有创新创业意识和能力的时代新人。

二、深化高校创新创业教育的意义

（一）当今高校创新创业教育的开展体现出重要价值

高校创新创业教育在服务中国经济转型升级，实施创新驱动发展战略中具有重要意义。为建设创新型国家和人力资源强国，高校肩负着培养具有创新创业精神和实践能力的人才的光荣使命。为适应我国经济转型升级，更为了满足地方经济的发展要求，高校必然进入转型发展阶段，这就要求高校要不断深化教育综合改革，提高人才培养质量，着重培养发展型、复合型、创新型的技术技能人才，关键是增强学生的社会责任感、创新精神和实践能力，提高学生的综合素质以及全面适应社会的能力，同时落实以创业带动就业政策，促进高校毕业生充分就业。

开展创新创业教育也能够使高校有一个跨越式的发展，能促进高校主动对接行业产业需求，树立起市场竞争意识，合理定位，拓展服务能力，实现与社会的深度融合，真正找到适合自身的发展道路，促进学校可持续发展，实现高等教育由学校本位向社会本位的转型。发展创新创业教育对高校的学科专业设置、人才培养计划提出了新的要求。高校的创新实践、科研活动和人才培养计划需要让校企合作达到新的高度，需要以整个产业和整个行业的发展需求为目标，以促进教育链、人才链与产业链、创新链有机衔接，解决科技革命、产业变革与高等教育系统之间的结构性失衡问题，推进转变教育和产业的发展模式，推进产业系统与高等教育系统的系统性变革。

大学生创新创业教育是促进大学生成长成才、实现人生价值的需要。大学生不仅要学习和掌握扎实的科学理论知识，还要有创新思维和创业意识，勇于投身社会主义现代化建设事业的伟大实践，在创业中成就事业，在创业中成长成才。加强创新创业教育，符合大学生成长成才的需要，有利于帮助大学生更新就业思路，转变就业观念，树立创新精神，强化创业意识；有利于帮助大学生掌握创业方法，养成克服困难、承担风险的心理和意志；有利于帮助大学生积累实践经验，增强实践能力，增长实践本领，为成长成才奠定扎实的基础。随着一系列鼓励就业创业政策的出台，我们的大学生将在人生事业的征途上创造辉煌的业绩，实现自己的人生价值。

政府高度重视高校创新创业教育活动的开展，坚持强基础、搭平台、重引导的原则，打造良好的创新创业教育环境，优化创新创业的制度和服务环境，营造鼓励创新创业的校园文化环境，着力构建全覆盖、分层次、有体系的高校创新创业教育体系。

美国创业学教授杰弗里·蒂蒙斯留下这样一段名言："我们正处在一场悄悄的大变革中——它是全世界人类创造力和创造精神的胜利。我相信它对21世纪的影响将等同或超过19世纪和20世纪的工业革命。"在当今世界，此预言正逐步得到证实。1999 年 4 月，第二届国际职业技术教育大会强调，"为了适应 21 世纪的挑战，必须革新教育，注重培养学生的创业能力"。党的十七大提出要改善就业结构，促进以创业带动就业，使更多劳动者成为创业者。党的十八大要求政府贯彻促进就业和鼓励创业的方针，做好高校毕业生为重点的青年就业工作，提升劳动者就业创业能力。如今，知识经济时代已经来临，时代呼唤着高素质的创新与创业人才。随着国际一体化进程的快速发展，全球竞争加剧，创新创业已经成为 21 世纪经济发展的重要动力，是当代科技进步的"助推器"，是一国经济繁荣的重要驱动力。在中国，任何历史时期都没有比现在更加需要推崇创新创业精神，大学生创新创业教育是时代发展的要求，国家发展的需要，经济发展和转型的强大动力，同时又是高等教育教学改革的重要内容。大学生创新创业教育作为一种新的教育理念和模式，并非单一的独立的教育，具有独特的教育功能；它强调"知行统一"，"教学做"合一以及人的全面发展和终身发展，对培养德才兼备的大学生具有不可估量的作用。

（二）创新创业教育的发展对我国经济建设具有重要意义

我国是一个发展中的人口大国，就业压力十分沉重，如何有效利用这丰富的人力资源，是一个严峻的挑战。根据有关经验，在知识经济时代，大学毕业生创办"民营性质"的小企业，既是毕业生就业的重要渠道，又是发展经济、为社会创造就业岗位的重要途径。

在我国，持续稳定发展的社会主义现代化建设事业，造就了巨大的市场、无数等待开发的领域，蕴藏着无穷的机会，为毕业生进行创业提供了无限广阔的天地。越来越多的大学毕业生正在把"创业"看作一条重要出路。

在我国目前发展呈现新常态背景下，大众创业万众创新有利于进一步调动广大人民群众劳动创业致富的热情与积极性；有利于创造财富的源泉充分涌流，创造活力进一步迸发；有利于我国生产力水平和人民生活水平不断提高；有利于提升我国综合国力；有利于促进就业，推进我国经济发展方式的转变；有利于调整产业结构，摆脱经济增长乏力的危机；有利于实现创新驱动发展战略。

教育部在 2015 年将创业教育更名为创新创业教育，并出台了《教育部关于大力推进高等学校创新创业教育和大学生自主创业工作的意见》。习近平总书记在中央财经领导小组第七次会议上强调："创新驱动实质上是人才驱动。"培养创新型人才是为了适应经济的新常态，在产教融合的推动下，高校应快速转变教育理念，补齐创新创业教育的短板，为地方及国家建设培养出更多的专业型、创新创业型人才。

创新创业教育是教育发展、国家创新型人才需求不可或缺的一部分，也是教育发展、不断完善教育体系的新举措，如今经济社会迅速发展，国家迫切需要高素质的创新型人才，迫切要求高校创新创业教育的理念走在时代的前沿，跟上时代的步伐，具有鲜明的时代性与创新性，教育方法尽可能地体现多样性和实践性。

综上所述，高校创新创业教育的变革无疑对于国家、社会、高校、学生都具有重要意义，而人才的能力不能达到相关行业的要求，理论知识与实践不匹配，技术运用等方面还存在着很大的提升空间，可以说高校创新创业教育面临着瓶颈，而在产教融合背景下探析高校创新创业教育的发展模式和路径，对高校创新创业的发展具有非常重要的现实指导意义。

第三节　高校创新创业教育的目标、参与者和任务

一、创新创业教育的目标

创新创业教育作为一种新的教育理念，体现了素质教育和终身教育的内涵，突出了学生的自主学习和对学生实践能力的培养，是高校未来发展的一个重要方向。高校开展创新创业教育的目标是培养学生的创新创业意识与创新创业精神，引导大学生转变择业观念，增强自主创新创业意识，适应世界

教育发展和改革的趋势，结合我国国情，培养具有创新能力和企业家思维的新一代复合型经济与管理人才。

实施创新驱动战略，推进创新型国家建设，根本要靠人才。高校作为培养人才的场所，有必要将创新创业教育纳入整个人才培养体系中，提高学生的创新创业意识、创新创业精神以及创新创业能力，培养创新型人才。高校应当转变教育观念，不断提升学生的社会责任感、创业意识、创新精神和创业能力，不断提高人才培养质量。

创新创业教育是指为了适应社会发展和国家的战略规划需要，以培养具有创业意识和开拓型人才为目标产生的一种新的教学理念与模式。高校创新创业教育需重点强调两个方面：一是高校创新创业教育的本质并非只是解决就业问题，更重要的是培养学生的创业意识与实践能力，塑造学生成为创新型的综合人才；二是高校创新创业教育的范围不仅指在校的本科生、硕士生和博士生，还包括已毕业几年、志在创业的高校学子。

创新创业教育的培养目标主要有三个方面，即意识养成、知识内化和经验生成。其中，意识养成是创新创业的观念前提，是创新创业教育的基本目标；知识内化是对传统意义上知识目标的深化，是创新创业教育的核心目标；经验生成是对创新创业能力层面目标的操作性表达，是创新创业教育的根本目标。大学生创新创业教育要坚持广谱性、方向性、一体化、特色化等基本原则。优化大学生创新创业教育要弘扬"挑战文化"，努力激发大学生的创新创业意识；坚持课程与教学改革同步，知识掌握与内化结合，夯实大学生的创新创业知识基础；打造个性化实践平台，丰富大学生的创新创业经验。

据统计，2022年全国毕业生达到了1076万人，麦可思公司发布的《2022年中国大学生就业报告》显示，大学毕业生选择考研、考公的比例持续上升，本科毕业生脱产备考公务员的比例近5年翻了一番。

当前的就业现实对高等教育提出了更高的要求，转变大学生毕业到社会上寻求工作岗位的就业观念，树立自主创业观念，引导毕业生自己创业，具有十分重要的意义。

然而在我国即将毕业的大学生中，很少有人把创业作为一种理想的职业来选择。根据统计，大学生中有过创业冲动的不少，但真正创业的人却不多。调查显示，就业、考研依然是大学生毕业后的优先选项。许多大学生的自主创业，往往是就业压力下的被动选择，这种消极的选择也是制约大学生自主创业的重要因素。从目前大学生创业项目的选择来看，技术含量往往不高，未能体现大学生的专业优势。

有关专家认为，大学生具有较强的创新力和创造力，有很大一部分大学生具备创业的潜能，只要受到正确引导，再通过一定的实践，他们就能成就一定的事业。

事实上，已经有一些创业的大学生取得了不错的创业业绩。这些毕业生把握住了机会，从"挣得人生中的第一桶金"做起，成功地利用了自己专业的优势，结合社会行业的特点，实现了创业的梦想。麦可思公司以 3 年为一个考察期，2018 届的创业本科生里，接近六成在 3 年内放弃了创业，仍在坚守的比例（41.5%）也比前一届（43.4%）下降，这个现象在高职生群体也同样存在。

创业难，年轻人仍然在想办法谋生，灵活就业的这批毕业生里面，有不少人选择了在互联网平台发展，主要形式包括主播、新媒体运营等。在可以预见的将来，应届毕业生灵活就业的比例很可能进一步扩大。

因此，高校必须深化改革人才培养模式，调整传统的"就业教育"——读书就是为了考试、找工作的读书观，引入"创业教育"，积极鼓励倡导支持大学生创新创业，确立以培养创业基本素质为核心的教育观。以创业带动就业，有利于大学生将自我价值与社会价值统一起来，为社会做出更多的贡献。

二、创新创业教育的参与者

提高大学生的创新创业能力，营造良好的创新创业教育氛围，建设完善的创新创业教育体系，需要包括政府、高校、企业、家庭、学生等层面的共同努力。这几个层面之间相互联系、相互作用、相互支撑，共同构成一个完整的创新创业教育体系。

作为创新创业教育体系的主干，高校在创新创业教育体系中发挥着关键作用。政府是高校创新创业教育生态系统中的重要一环，发挥着重要作用，能够在政策制定、资金支持、舆论导向、服务体系、部门协调等多方面为高校创新创业教育创造良好的外部环境，起到难以替代的积极作用。

各种企业尤其是知名企业在高校的创新创业教育中起着重要的示范作用，它们是大学毕业生创新创业最直观的学习对象和奋斗目标，因此，企业在高校的创新创业教育中担负着不可推卸的社会责任。创新创业教育有助于大学生明确创业意向，促使其将专业知识转化成创业成果。实现创新创业教育的成功应集合政府、高校、学生和社会各方面的力量，积极组织引导，搭建发展平台，群策群力，争创大众创业万众创新的良好局面。创新创业教育是经济新常态下高等教育系统支撑国家创新驱动战略的重要路径之一，不仅关系着国家和地区的经济社会发展，也关系着高等教育改革的成败。

创新创业教育的最终落脚点在学生，只有学生接受了创新创业观念，并勇于去实践创新创业，才能说创新创业教育起到了实际的效果。每一个学生的背后都有一个家庭，家庭的支持是学生实践创新创业的有力保障。

三、创新创业教育的任务

（一）高校层面

1. 完善人才培养质量标准

将创新创业教育目标纳入人才培养体系当中，使创新精神、创业意识和创新创业能力成为评价人才培养质量的重要指标。结合办学定位、服务面向和创新创业教育目标要求，制定专业教学质量标准，修订人才培养方案，细化创新创业素质能力要求。

2. 创新人才培养机制

完善科教结合协同育人机制。多形式举办创新创业教育实验班，探索建立校校、校企、校地、校所以及国际合作的协同育人新机制，积极吸引社会资源和国外优质教育资源投入创新创业人才培养。构建政产学研用协同创新体系，大力促进创新链和产业链贯通，力争促进基础研究成果向先进技术和现实生产力的转化，为国家产业结构调整和经济增长模式转型提供持久创新驱动力。

建立创新创业教育多学院驱动模式。立足高校优势学科背景，发挥其他学院的资源整合优势，形成"一轴多核"的创新创业动力基础，带动全校参与到创新创业的教育活动中来，激发全校学生积极参与、勇于实践的创新创业学习热情，形成多学院参与的协同教育模式。

3. 完善创新创业教育课程体系

开设创新创业系列课程，培养大学生创新创业意识，提高创新创业能力；将专业教育与创新创业教育有机融合，将创业意识培养整合到各种课程中；设置创新创业类公共选修课，面向全校学生开放；在培养方案修订和教学计划的制定过程中，有意识地调整课程结构，大力推进研究性、探索性学习；积极整合校内创新创业有关课程及培训活动，实施"大学生创新创业训练计划"项目以强化创新创业实践训练。

加强在线开放课程建设，加强教材建设，编写具有科学性、先进性、适用性的创新创业教育教材。

4. 改革教学方法和考核方式

改革创新创业类课程教学方法，加强创新思维和创业能力训练，激发和培育大学生的企业家精神、首创精神和团队协作精神。邀请有影响力的企业家、创业者亲临课堂开展教学并提供个性化辅导。改革考试考核内容和方式，注重考查学生的创新意识和运用知识分析解决实际问题、表达沟通、动手实践、团队协作等能力，探索非标准答案考试。

5. 注重创新创业实践活动

整合校内外创新创业实践教学资源，建设大学生创客中心，对于具有一定科技含量和发展前景的创业项目，在资金和场地方面给予扶持，为大学生创业提供有力保障。

鼓励学生参与高水平实践创新创业类大赛，通过竞赛激发学生的创新创业潜力和意识，提升学生的创新创业能力。

定期举办创新创业大赛，鼓励学生积极参与创新创业实践活动，倡导创新创业风尚，激发学生创造力，为学生提供践行创新创业梦想的平台。

6. 加强创新创业导师队伍建设

建设创新创业校内导师队伍，加强现有导师队伍在创新创业精神和能力方面的培养，并引进一批具备创新创业背景并有志于从事创新创业人才培养的导师；建设创新创业校外导师队伍，聘请具有创业经验的企业家、企业高管，特别是成功创业的校友，或管理咨询、法律、市场营销等领域的专家，以及在创新创业领域内有丰富工作经验与认证资格的专家为创新创业导师，形成一支既具备创新创业精神，又具备创新创业实践经验的校内外导师队伍。

完善创新创业教育教师队伍的绩效考核制度。将教师参与创新创业课程教学、课题研究、专题讲座，开展创业咨询工作，指导学生参加创业大赛，带领学生依托科研成果创办新企业等折算成工作量纳入绩效考核；表彰开展创新创业教育有突出贡献的教师及团队，推动教师积极参与创新创业教育。

（二）学生层面

1. 意识培养

启蒙学生的创新意识和创业精神，使学生了解创新型人才的素质要求，了解创业的概念、要素与特征等，使学生掌握开展创业活动所需要的基本知识。

2. 能力提升

解析并培养学生的批判性思维、洞察力、决策力、组织协调能力与领导力等各项创新创业素质，使学生具备必要的创业能力。

3. 环境认知

引导学生认知当今企业及行业环境，了解创业机会，把握创业风险，掌握商业模式开发的过程，设计策略及技巧等。

4. 实践模拟

通过创业计划书撰写、模拟实践活动开展等，鼓励学生体验创业准备的各个环节，包括创业市场评估、创业融资、创办企业流程与风险管理等。

第二章 国外高校创新创业教育的发展

第一节 国外高校创新创业教育的现状

一、美国高校创新创业教育现状

美国是世界上创新创业教育发展最早也较成功的国家，哈佛大学早在1947年就开设创业教育课程，斯坦福大学从1949年开始创新创业教育，百森学院从1967年开设创新创业课程，之后很多大学都设立了创新创业研究中心，形成了很多知名的创新创业教育机构。如百森商学院、宾夕法尼亚州立大学、斯坦福大学、克雷顿大学等知名创业研究中心。其中百森商学院的创业课程体系、斯坦福大学的创新创业教育模式被誉为创新创业教育的"硅谷"。

（一）百森商学院的创新创业教育

百森商学院（Babson College）是美国的一所私立商学院，中文也可译作巴布森学院，坐落于东海岸的名城波士顿城西的小镇韦尔斯利，学院设施先进，自1919年成立以来，追求卓越的创业精神一直贯穿着百森的发展轨迹。百森商学院是创业学领域的领导者，在创业管理方面的专长为世界公认。

百森商学院成立于 1919 年，由被称为"百森商学院之父"的罗杰·巴布森创建。作为一名创业家、教育家和慈善家，罗杰·巴布森的一生充满了对传统的捍卫和对创新的不懈追求。罗杰·巴布森说："我越来越深刻地认识到，我们需要坚持的勇气和变革的热情。尽管这两点似乎是对立而格格不入的，但成功的人生的确需要此二者的适当融合——一个是锁，另一个则是钥匙，二者缺一不可。"

百森商学院一直在不遗余力地推动全球创业领域的学术研究和师资培养，开设了 Arthur M. Blank 创业研究中心、William F. Glavin 全球管理研究中心、亚洲中心、欧洲中心以及国际项目办公室，领导了百森 - 考夫曼创业研究大会、全球创业观察（GEM）等研究培训项目。由 Arthur M. Blank 创业研究中心支持的百森创业交流大会（BEE）多年来一直是成功企业家们传授经验以及互相交流的良好平台。百森商学院还一直在全球范围内致力于创业师资的培训，2005 年 4 月出资将该项目移植到中国，旨在推动中国的创业学学科的建设与发展。

在 2001 年 6 月《财经时代》公布的全球管理教育排行榜上，百森商学院名列高层经理研修课程的 12 位。百森商学院不遗余力地推动全球创业领域的学术研究和师资培养，领导了百森商学院 - 考夫曼创业研究大会、普来兹 - 百森商学院师资项目、全球创业观察等研究培训项目。百森商学院还在 2000 年 7 月成立了亚洲研究中心，致力于成为在亚洲推进和传输世界先进管理知识的先行者。

百森商学院的资深教授罗伯特·英格先生设计开发了一套名为 TechMark 的管理实战模拟课程，在欧美国家历经 20 多年的发展历程，内容涉及产品研发，生产、营销、财务、运营等各个职能部门，覆盖商业环境分析、商机创造、财务杠杆运用、团队合作和战略决策等方面大量的管理知识要点和经营技巧，能在最短的时间内帮助学员全面提升管理能力。

TechMark 管理实战模拟是以跨国公司的实际运营经验为基础，通过数十年来的不断改进而成为全球著名跨国公司高层管理人员的首选培训课程，所以中国企业的管理者在获得与西方管理者相同的教学内容之时，也将学习到西方企业的运营规律和财务报告体系。从而使他们能在最短的时间内全面了解跨国公司的经营理念和管理技能。尤为重要的是通过 TechMark 管理实战模拟能够使中国的管理者们迅速地找到与国际先进管理水平的差距，从而极大地激发他们学习各种管理知识的热情。通过 TechMark 管理实战模拟，还能迅速增强他们参与国际竞争的自信心。

（二）斯坦福大学的创新创业教育

斯坦福大学创新创业教育一直都走在世界前列，形成了自身独特的创新创业生态系统。斯坦福大学被誉为"硅谷心脏"，斯坦福师生在硅谷创建了很多高科技公司，比如苹果、谷歌、惠普、雅虎、思科、甲骨文等。斯坦福大学长期以来，将创新创业教育贯彻到具体培养过程中，提倡学校的科学研究需要面向社会需求，通过创新创业教学课程设置、创新创业教育科研平台构建以及创新创业教育服务产业和社会发展多维度的努力，形成了"三维一体"的创新创业教育体系。

斯坦福大学商学院率先开设，目前商学院创业研究中心已经开发了21门面向 MBA 学生的创业教育课程。工学院通过技术创业项目（Stanford Technology Venture Program，STVP）构建了针对不同层次学生的创业教育课程，STVP 围绕科技创业设置跨学科课程，为本科生、研究生等不同层次的学生设计了不同的课程，采取多样化的授课方式给学生提供帮助。

斯坦福大学创业研究中心（Center for Entrepreneurial Studies，CES）成立于 1996 年，为了有效推进创新创业研究的发展，该中心尝试了如下举措：成立斯坦福大学创业中心校友会。创业研究中心面向所有具有创新创业兴趣的毕业生们组建校友会，提供资源分享和信息交流的平台。校友会充分发挥自身资源互补的优势，自发组建创业小组，定期进行交流和分享，针对各自创新创业问题进行探讨和分析。校友会每年会组织暑期创业项目，支持在校学生去中小企业进行创业实习，并且邀请专业人员对于实习学员进行针对性的指导和帮助，形成了斯坦福大学校友互帮互助的良好氛围，构建了一个较为理想的创业环境和系统。

成立斯坦福大学创业工作室，面向斯坦福大学所有专业具有创业兴趣的研究生，营造充满活力的创新环境。斯坦福大学的学生创业组织、创业学科以及其他科技类学科学术性交流都为创业工作室的创新创业营造了良好氛围。如果学生有成型的创业思路，可以通过电子邮件注册会员，利用工作室的强大支持能力和丰富的资源，与教师、企业家进行交流和沟通。这些经历给予学生创新思维和创业能力的重要锻炼，为他们今后走上创业道路提供了重要的帮助。

斯坦福的创业生态系统发达、全面，从创业教育、创业组织、创业活动、配套的创业服务到孵化器、加速器的项目，形成了从课堂到实践的斯坦福创业网络。

（三）麻省理工学院的创新创业教育

美国麻省理工学院（Massachusetts Institute of Technology，为 MIT）到目前为止共拥有 80 位诺贝尔奖得主。在社会经济领域，麻省理工学院创新创业的精神和成就更是闪亮，由麻省理工学院校友创办经营的公司，年收入总和已经超过 2 万亿美元，若将其看作是一个独立的经济体，在全球排名可达到第 11 位。以麻省理工学院为代表的创新创业模式，是一种被实践证明有效的模式，具有很高的参考价值。

麻省理工学院创业发展最重要的基础和本钱就是"知识"，这些知识来源于麻省理工学院自身的研究，这就是麻省理工学院独特的创新创业教育模式。它追求科学创新的精神已经形成了一种根植性文化，而且常常会有令人意想不到的创意，许多创意在校方的引导与帮助下，转化为真正的产品，并成功实现了创业。因此，麻省理工学院积淀下来的创新气质是其创业的基础，亦是其创业的源泉。

麻省理工学院开创了以高校为主导的大学、政府、产业联合的创新创业模式，在美国学术界具有独特的地位。在该模式中，麻省理工学院实现了科学研究、实际应用、教学以及学校收益的最优组合。创新创业教育生态系统包含创新创业教育课程体系、管理体系、俱乐部体系、教育全球化体系、竞赛和奖项体系以及法律服务体系，其中项目、课程和活动是整个生态系统中的关键要素。

这一"大学—产业—政府"模式被称为"三螺旋模型"，即麻省理工学院与产业界、政府（包括地方政府、联邦政府）建立了新型交叉的互补关系，三者间存在着一种共生性，为此，麻省理工学院始终把产、学、研活动视为一而三、三而一的活动——在时间上同时进行，在空间上并列开展。

麻省理工学院的创新创业模式不断完善，创新创业生态系统走向成熟，释放着其特有的创新能量。

麻省理工学院从创新到创业一般经历 7 个阶段：创意、技术发展、商业化计划、企业计划、形成企业、早期成长、高速增长。为迎合不同阶段的需求，学校先后建立了六大独立运行、各有侧重、有效互补的机构，构建了一套较为成熟的"孵化器体系"，在推动大批高素质人才参与创新创业过程中发挥了关键作用。为推动创新创业的实现，麻省理工学院具有一套创新创业流程，各种项目和组织构成了学院内部的创新创业体系：有最初鼓励发明创新的莱梅尔逊项目、媒体实验室；有负责申请专利、为初创公司发放牌照的审批部门和技术许可办公室；有帮助改善商业企划、组建公司的列格坦中心；有通过匹配业内人士为创业者提供一对一长期指导的服务机构，以及将创业服务贯穿始终的创业中心。

正是这一生态体系，架起了从创新到创业之间的桥梁，不断推动麻省理工学院创新创业活动的发展。任何一项具有广阔市场前景的创新都源于好的想法、好的创意。被誉为"创意工厂"的麻省理工学院除了拥有充满创意与智慧的师生之外，还致力于打造适宜创意的环境，从而更加充分地激发师生的创意。麻省理工学院对创新创业始终抱着开放和赞许的态度，对创业者给予莫大的支持，老师和学生参与创业不仅合规，更能赢得尊敬和羡慕。

20 世纪 60 年代，麻省理工学院斯隆管理学院开设了第一门创业课程——"新企业家"，由既是学者又是成功创业者的理查德·莫尔斯主讲。1990 年，斯隆管理学院整合麻省理工学院的创业课程和相应的学生活动中心，为那些有创业志向的学生提供相应的教育和帮助。1996 年，麻省理工学院创业中心成立，负责麻省理工学院创业教育的教学与发展，致力于开展创业管理、创业投资、创业政策等方面的教育和学术研究。2011 年 11 月，麻省理工学院创业中心更名为麻省理工学院马丁信托创业中心，为麻省理工学院的创新创业注入了新的活力，创业项目有了显著增长，社会影响力进一步提升。其成功的关键因素包括：面向麻省理工学院所有师生。创业中心虽然设立于斯隆管理学院，但它为麻省理工学院所有师生提供全方位的创业课程和指导。整合创业理论和实践的双轨教育。在课程设置以及指导老师的构成中，都充分体现了这一特点。立足现实问题，鼓励学科交叉。创业中心着重强调从现实的需求出发来进行创业，鼓励并创造条件让不同学科背景的学生一起合作创业，特别是管理类学生和自然科学类学生的合作。这使得麻省理工学院培养了大批既具有工程、生物等专业技能，又有创业能力的复合型人才。随着学生对创业需求的增加，原本唯一的"新企业家"课程不断延伸，形成了理论、实践、产品设计与开发、销售、市场营销、产业聚焦等多种模块的众多创业课程，由学生创办的新企业不仅数量越来越可观，影响力也令人刮目相看。除创新课程外，创业俱乐部也在传承麻省理工学院创新创业精神方面，发挥着重要的作用。麻省理工学院不同部门、不同专业的学生均积极参与这些创业俱乐部的活动，由此激发的创新创业热情遍及整个学院。

麻省理工学院"$100K 创业大赛"自 1990 年创办以来，每年诞生 5—6 家企业。在美国表现最优秀的 50 家高新技术公司中，有 46% 出自此项比赛。如今，有着 20 多年历史的麻省理工学院创业大赛，已经成为美国顶级的商业计划竞赛。它之所以有重要地位，是因为大赛不只是每年评出优秀方案并颁发奖金，而是尽全力支持和鼓励优秀的书面创业计划发展成实际运营公司。大学的资源和精力是有限的，很难兼顾创新与创业，所以创业型大学往往在科学创新方面实力不足。但麻省理工学院的经验证明，一个致力于服务社会的大学不仅能够在创业方面独树一帜，还能在科技方面引领前沿。究其原因，在于麻省理工学院打通了科研创新与创业之间的通道，构建了完善的创新创业生态环境，使二者不断融合、助长，形成了良性循环。

二、英国高校创新创业教育的现状

英国政府从 20 世纪 80 年代开始将创新创业教育视为能够提升"国家经济发展驱动力"的重要手段。从全球范围来看，它是开展创新创业教育最早，积累经验最为丰富成熟的国家之一。经过近 30 年的探索与实践，英国形成了由政府、学校、企业和民间社团协力合作、共同推动创新创业教育发展的特色体系。在全球创业发展研究所（Global Entrepreneurship and Development Institute）发布的 2018 年全球创业指数（Global Entrepreneurship Index）报告中，英国排名第四，仅次于美国、瑞士和加拿大。另外，"全球创业观察"（Global Entrepreneurship Monitor）发布的 2017—2018 年年度报告也表明，英国的创业动机指数、早期创业活动和创业能力均位居前列。英国作为创新创业教育开展得最成熟的国家之一，其卓越成就的取得与此密不可分。

（一）创新创业机构多样化

英国高等教育质量保证署（QAA）是负责制定英国高等教育的标准与质量的独立机构，出台了一系列高校创业素质和创业实践教育方面的指导纲领，这是世界上最早为创业教育而制定的国家级质量保证纲领。该国还有不止一家致力于促进创业教育发展的国家级专业机构，其中成立较早者为"英国创业教育者协会"，其前身系英国政府贸工部于 1999 年设立的"英国科学创业中心"，成立之初即设立 8 个中心，覆盖境内 60 余所高校，被时任英国科学大臣称为"英国大学文化变革的催化剂，旨在使大学与企业关系更加密切并提高大学对经济增长、就业和生产力的贡献度"。该机构于 2007 年变更为现名，性质也更改为民间社团，不再需要由政府出资而是依靠企业捐赠和其他资金渠道来运营，运作方式更加灵活，效果也随之得到提高。机构主席卡伦·比尔女士曾介绍说，该机构的宗旨是支持英国高等院校通过开设相关课程和课程以外的各项活动来开发、实施创业素质和创业实践教育。它是全球领先的创业教育推动组织，至少在欧洲范围内具有独一无二的地位。主要体现在：

第一，会员众多，影响面广。英国境内共有 130 余所高校，其中 103 所是协会的正式会员，涉及面高达 75% 以上。如牛津大学、杜伦大学、伦敦大学学院、阿斯顿大学、伦敦大学玛丽女王学院等名校都是热心参与各项活动的重要会员。

第二，协会的核心成员都是颇有建树的创业教育专家，对近年来政府出台的一系列相关政策和议案或直接参与制定或提供咨询和建议。

第三，搭建高校与企业的桥梁。协会除拥有 103 所大学正式会员外，还有 1000 多家机构和企业的负责人作为协会的合作伙伴，共同支持创业教育和学生的创业实践，使其从课内走向课外、社区、企业及整个社会，为学生毕业后真正面向社会进行创业奠定了良好基础。协会的另一个举措是自 2011 年起启动创业教育项目基金，用以赞助其会员单位在创业素质和创业实践教育方面，创建新的教学资料与资源，或进行有重要意义的项目调研。例如提赛德大学曾经承担非营利机构和营利机构创新创业比较研究课题，用丰富的案例分析得出非营利机构的创新创业更受关注的结论。白金汉大学也通过该基金的赞助编纂了如何鼓励女学生参与创业的指导教材。作为民间机构的英国创业教育者协会，由于其在高等院校和企业之间建立起有效的合作渠道，能够及时了解企业和学校两方面的需求，从而不断推出新举措，真正把企业的需求、高校的学术与技术潜力、学生的创新意识、创业前的各项准备等内容纳入自己的工作中，并不断推陈出新，有效地推动了英国高校毕业生进入创新创业领域的进程，受到相关企业、高校和广大学生的较高评价。

（二）英国谢菲尔德大学——注重学生创业能力的培养

重视创新创业环境的英国谢菲尔德大学在学校的创业教育相关网页上写道，"重视培养学生的'创业能力'，无论他们将来选择哪种职业道路都对其成功非常有必要。'创业能力'并非指创业学或商业技能，而是指学生急需的一系列成熟并起作用的技巧，能够帮助大学毕业生成为更具创新能力的求职者，使他们在当今全球经济中选择领域并能成为领域内出色的领导者"。谢菲尔德大学还表示，在创新创业教育实施过程中，一定不能走入的误区是让教师和学生有狭隘的理解：只有创业才是成功，或是只有成功地创业才是成功。

谢菲尔德大学希望学生能够具备的创业能力，究竟是通过哪些方式或渠道培养的呢？登录该校关于创业教育的网页，我们了解到，该校共有近2.6万名学生，并非每个学生都有在课外参与创业的机会，但每个学生都可以学习与创业有关的课程。因为谢菲尔德大学要求所有学生都要学习创新创业教育课程，因此每个学生都有提升创新创业能力的机会。该校的创新创业教育分为课内与课外，课内的创新创业教育会在特定学科学习中把能力发展进行情景化模拟，使学生获得创新创业能力的锻炼；而课外的创新创业教育则主要是通过 USE（University of Sheffield Enterprise，在谢菲尔德大学创业）为学生提供更多创业实践的机会，加强学生的创业能力与技巧。USE 从学生创业计划制订到创业资金的支持，再到围绕创业能力提升而开展的模拟创业活动，均包括在内。甚至为进一步培养学生的创业能力，USE 还含有创业能力强化训练的相关游戏。

"实现你的想法"是面对所有大二或大三已拿够20个学分的学生开设的项目（因为项目后期需要学生投入较大精力），不仅能够让学生走进创业世界了解创新创业精神，而且让学生挑战运用已有知识去解决现实生活中的难题。该项目每周的小组会议不是让学生背负起公开演讲的负担，而是对创业案例的探讨和线上创业资源的共享。此项目需要学生组成团队，展示各自的模拟商业计划和议案，并对彼此的模拟创业计划进行评估。由于该项目对所有学科开放，这意味着加入的学生有机会和来自不同专业的学生进行交流，并能互相学习、共事。

学生创业时，创业资金总是众多事项中最棘手的那一项。幸运的是，USE 可向该校学生提供 1000 英镑的资金支持，来帮助他们缓解创业资金短缺的问题。该项资金不仅在校生可以获得，毕业 5 年内的毕业生也可能获得该项资金的支持。但学生不能用这些资金来购买硬件设备，只可以用来进行专利或商标申请、促销活动、软件购买和商业指导培训等事项。

（三）英国国家创新创业教育中心（NCEE）

英国国家创新创业教育中心（National Centre for Entrepreneurship in Education，简称 NCEE，以下使用简称）成立于 2004 年，是在英国教育部支持下建立的国家级政府机构，专业从事全英高校创新创业教育的政府机构，其前身为英国国家大学生就业创业促进委员会（National Council for Graduate Entrepreneurship，NCGE），2011 年由英国前首相戈登·布朗先生提议变更为现在的名称，总部位于考文垂。

NCEE 成立的目的是提高英国大学生就业与创业的成功率，历经十几年的工作，NCEE 积累了大量的英国教育机构在创新、创业教育领域的经验以及教训。这些经验为世界各国发展双创教育提供了不可多得的宝贵资源。2011 年，欧盟理事会宣布，NCEE 因其倡导的专业结合双创教育的理念和实践，获得了最佳贡献奖。

2015 年 9 月在国务院时任副总理刘延东的见证下，NCEE 与我国教育部留学服务中心签订了合作协议。2015 年 10 月，NCEE 在英国备案成立 NCEE（China）。

（四）剑桥大学创新创业教育

剑桥大学已经有 800 多年的历史，是世界上最古老的大学之一，也是全球诞生诺贝尔奖得主最多的高等学府，拥有 118 位诺贝尔奖获得者，许多蜚声全球的著名科学家、经济学家、政治家、哲学家诞生于此校。剑桥大学的创新创业生态系统建设了 60 年，很多学者也进行了诸多研究，并与斯坦福大学和麻省理工学院在创新创业上共享盛名，相对于美国的"硅谷"，剑桥大学的创新创业生态也叫作"硅沼"，因剑桥大学在 1000 多年前原本是块沼泽地，因而得名。

剑桥大学创新创业教育主管部门为剑桥大学创业学习中心，创业教育分为三部分。第一部分是激发学生看到自己拥有创业能力；第二部分是当他们拥有创业雄心后，为他们提供将想法变为事实的信心；第三部分是通过辅导、协助、寻找资源和其他形式的支持，将想法实现。剑桥大学创业技能重点培养如下几个方面：（1）发现创业与商业机会，寻找资源和解决方案；（2）寻求信息，以验证创业想法和机会；（3）形成产品专利的保护和对其他战略的清醒认识；（4）形成团队意识，让学生明白创业的工作是一种多样性的活动。

剑桥科技园是连接剑桥大学科研和创业孵化的载体，充分发挥了剑桥大学的科技优势。剑桥大学整个创新分布在 20 个科学商业园区和 13 个创业孵化器与加速器内，共有 7—8 家 VC 机构以及商业天使投资公司，40 个商业网络系统，数十个专业科技技术服务公司，数个国际企业的研发部门基地（例如微软、东芝、华为等），还有数个科学实验室。科技园以剑桥大学应用型科研为依托，细分产业和行业，政府对进入科技园的企业和团队给予资助，也有的项目早期有商业机构投资，后期的市场价值会远大于实际收入。

剑桥大学注重科技成果转化工作，发挥创新驱动创业的优势。剑桥创业有限公司致力于知识产权和专利的保护与开发，支持剑桥大学教职员与研究团体。仅 2010—2018 年间，"剑桥创业有限公司"通过其运作的剑桥创业种子基金（Cambridge Enterprise Seed Funds）和创业风险伙伴基金（Cambridge Enterprise Venture Partners）为剑桥创业活动提供了五千万英镑的支持，有效支持了创业教育及相关项目的稳定与高效运行。

剑桥大学创业服务是多元的，创业服务中心是核心资源。剑桥大学创业服务部门为剑桥大学创业中心（The Cambridge Entrepreneurship Centre）和创业学习中心（Centre for Entrepreneurial Learning，简称 CfEL）。创业中心成立于 1999 年，其目的是提高有关创业教育的教学和培训，鼓励创业文化，为那些有创业想法的学生提供实际支持，帮助其启动业务。中心有 10 位全职人员，同时聘请 200 名左右的企业家和相关从业人员（风险投资、商业天使、银行家和其他专业人士）。剑桥大学创业学习中心设立在贾吉商学院（Cambridge Judge Business School），是领导和推动多元化创业项目发展的核心机构，其主要职责包括创业及创业教育项目的设置、督促实施与评估。

（五）牛津大学的创新创业教育

牛津大学赛德商学院可以算得上是欧洲发展最快的一所商学院。如今，该学院以"创新教育"而闻名遐迩，在吸引生源方面做得格外成功。

1996 年的某天，以"赛德"（Said）命名的商学院（Said Business School，简称 SBS）在 5000 名身着黑色长袍的牛津大学教授们的反对声中成立了。随后，一座由名师设计，独具艺术风格的商学院大楼在牛津大学中心区拔地而起，力求打造不一样的 MBA（工商管理硕士）教育。

英国大学排名网介绍，赛德商学院自成立以来，一直将"创业"（Entrepreneurship）和"创新商业教育"（Innovative Business Education）作为其教育理念。赛德商学院选择这样的教育理念，与牛津大学将创新和创业与教学研究相结合的传统是分不开的。牛津大学是富有创新力的大学。在牛津大学所在的牛津郡，高科技产业人才雇用 82% 的平均增长率在全英排名第一；当地有 1500 多家高科技公司与牛津大学在产业开发、研究和合作上有着千丝万缕的联系。牛津大学共开创了 100 多家科研企业，资产总值约 20 亿英镑。

令赛德商学院最自豪的莫过于"创业教育"，其特点主要体现在以下两个方面：一是以"创业"和"创新商业教育"为教学与科研的重点，二是以"跨学科教育"为培养创业人才的主要方法。这可以为学员提供具有高度可操作性的创业技巧和人脉支持，每年推出上百个与创业相关的管理实践活动。

牛津大学创业教育中心（The Entrepreneurship Centre）建立于 2002 年，是依托在学校久负盛名的赛德商学院基础上，是创业教学与实践统一的交集点。它把牛津广泛而国际化的校友网、多达 2000 余家的科技型创业企业与学生之间架起桥梁，分阶段支持学生创业，包括创业思路阶段（ideas stage）、早期创立阶段（early stage）、中期发展阶段（later stage）、后期壮大阶段（growth stage）。

创业教育中心做什么呢？牛津大学创业教育中心相信，创业精神与创新能力是财富创造的核心。为了培养学生具备这样的素养，他们主要致力于：（1）整合学术圈与职业圈的资源，与企业家、投资者等商业领域内专家建立联系，服务于对创业有兴趣的学生；（2）以牛津大学著名的 MBA 专业为依托，并利用好校内其他跨学科的专业优势，为学生、教职人员、特邀嘉宾创造深厚的专业氛围；（3）积极支持学生与校友会建立一体化网络，牛津大学有学生自发的创业社团牛津创业者（Oxford Entrepreneurs），拥有超过 1 万名会员，是全球规模最大的创业型学生社团，而牛津大学的校友会设有牛津企业俱乐部（Oxford Venture Club），能够广泛推送伦敦乃至全英国范围的商务信息。两者的结合无疑是创业教育的强心剂；（4）提供商业（商务）课程，开设包括演讲讨论、网络教学、论坛等形式多样的授课形式，值得一提的是，一系列名为创业（Building a Business）的在线公开课，在 iTunes U 上线后，全球范围内的下载次数竟超过 300 万。自从该中心成立以来，已有数以千计的学生参加了这些课程的学习；（5）全力支持在校学生、毕业生进行创业或者企业的发展与规模扩大，目前由赛德商学院学生建立的以及毕业生投资（合资）的企业数量超过了 150 家；（6）加强创业教育中心的专业建设，研究解读创业过程中的动机、成效影响因素，成功创业背后的理论意义等，为创业教育奠定理论基础；（7）帮助创业学生甚至整个牛津大学创业圈在创业理念的建立、创业方法的指导、创业规模的扩大、创业发展的可持续、创业过程的终结等方面给予扶持。

创业教育中心提供的创业课程,都是导师根据当下最新的创业前沿,不同时期创业学生的心理变化、创业市场应对机制等综合因素制定的,因而创业中心是着重创业的实践型教学(practical teaching),都与研究紧密结合,有实证的基础,而实战型创业导师会将自身的创业经验穿插于课程中,包括创业行动与技巧等内容,以帮助学生在创业方面获取能力提高。

开设创业课程以来,创业导师们不仅为学生们带来各种层次的创业知识,还具备了创业学术方面的积累,超2两万余名学生参与了创业中心的课程培训。既包括学位性课程(Degree Programmes),如针对MBA学生的创业课程(The Entrepreneurship Project,EP),导师要求学生有一整套创业计划,并将创业计划从纸上变为真正的创业行动,向可能的专业投资者做出说明,并说服打动其为自己投资。对于已经开始创业的学生而言,此项活动可以助其扩大经营规模或是升级经营模式。还有创业专业选修课(Entrepreneur-shipand innovation classes and electives),为了尽量满足每一位创业学生的个体化需求,中心会有深度地开设一些有针对性的选修课,导师的研究方向涵盖了资本运作学、创业金融学、科技创新策略、计算机软件创新学等高精尖商务领域。还有导师开设策略性咨询项目课程(Strategic consulting project),此项目通常在创业课程学习结束后,学生可以在8周的时间内,将所学的技巧、管理方法向合作的企业展示,并得到导师建议。

除了学位课程,中心还开设课外创业课程,往往以一线创业人员为导师,如硅谷进校园活动,将硅谷里的商界精英请到校园中,与教师、学者、创业学生座谈,并为学生在如何启动创业的细节上给予专业的建议。还包括创业咨询服务体系,创业中心的导师们全年无休地为学生提供创业启动运作的策略与建议。某些课外创业课程不仅针对牛津在校学生,还面向校外公众开放,例如创业启动课程——一门讲授基本商务技能的课程,帮助创业者加深对于市场、政策和社会对于创业影响的理解。还有牛津创业激励会,由牛津创业者定期组织开会,邀请到著名创客CEO参会表达观点,还有专门针对博士生开设的一系列专家讲座以及参与创业实战的活动。

牛津大学的创业导师队伍，一部分来自本校，另一部分来自社会创业企业或实业。对于这两种分别具有学术背景和实战背景的导师，牛津大学也有着不尽相同的建设激励机制。该校一直注重创业教师的师资培训。在培训内容方面，定期举办创业理论与教学技能提升课程，并希望教师通过各类创业实践或创业模仿活动来获得书本外的创业经验。在培训方式上，注重案例示范与讨论，并会请来自社会的创业导师分享最新创业前沿理念与模式，真正与社会接轨，提高导师们的理论实践水平。

三、德国高校创新创业教育

德国从 2008 年世界金融危机中迅速恢复，成为位居世界第四、欧洲第一的经济大国。德国在发展其经济的过程中，重视科学技术创新成果的产业化、市场化所带来的经济效益。其中，德国中小企业的科技创新能力在发达国家中是首屈一指的。2012 年，德国有 1307 家中小企业位列世界"隐形冠军"的统计范畴，而美国有 366 家，日本有 220 家。以往研究表明，国家中小企业的繁荣与其创新所带来的创业密切相关，并与其较为完善的创新创业生态体系密不可分。

德国创新体系中产学研人才双向流动畅通，并且德国高校和科研机构鼓励科研人员带着研究成果去创办公司并给予实质性扶持。另外，部分工程类高校直接将教育导向定位为创业型大学，如慕尼黑工业大学等。德国形成了三大企业孵化模块，加速器、企业工场和孵化器；强调将关联性创新主体（高校、研究所，包括初创企业在内的中小企业、大企业和孵化器等）集聚起来，培育有竞争力的行业上下游链条以及建立可持续的生态体系。从优化整体创业环境的角度出发，德国政府采取一些普惠性措施，如建立面向社会公开的创业咨询机构数据库，并在高校中设立企业家精神教席，培育企业家精神等。

（一）慕尼黑工业大学的创新创业教育

慕尼黑工业大学是德国政府于 2006 年评选出的首批 3 所"卓越大学"之一，并自 1995 年就明确地提出了创建"创业型大学"的目标。作为全球顶尖的理工综合性大学，慕尼黑工业大学十分重视系统的发展和支持创业，鼓励学生像企业家一样思考和行动，并致力于将研究者们的发明转变为可持续利润。借鉴自然生态系统中生产者、分解者、消费者、催化剂之间相互作用的思想，分析慕尼黑工业大学创业教育生态系统的构成要素。

作为一个集成式的创业教育方式，十分注重创业实践培训，在学生创办企业的整个过程中全程指导创业者，给他们提供以实践为导向、需求为基础的教学内容。这类教育的学员和教员来源广泛，从本科生到研究生、博士和博士后，还有科学家和专业人士，融合了不同学科背景的知识。慕尼黑工业大学的一些项目和中心机构为初创企业的成立和发展提供了全方位的支持，推进一个新的创意快速地转变为商业机会。

1. 综合机构。综合机构在慕尼黑工业大学创业教育生态系统中处于核心位置，主要包括创业与创新中心、社会创业协会、行业联络办公室等。这些机构不仅提供了创业相关的教学课程，还对学生创业提供咨询服务、构建创业者网络以及联系合作伙伴等方面的支持。

2. 研究机构。创业研究所、创业和金融研究所是慕尼黑工业大学的主要创业研究机构，为学校的创业教育提供理论支持。

3. 技术机构。为慕尼黑工业大学创业教育提供技术支持的机构主要包括技术创业实验室以及研究和创新办公室，它们与研究机构一起形成了慕尼黑工业大学创业教育生态系统的两翼。

慕尼黑工业大学与宝马、大众、安联保险等许多知名企业都建立了良好的长期合作关系。2011 年 8 月，德国政府在高科技战略框架下发起"科研校园：公私创新伙伴联盟"竞争性行动计划并设立行动基金，致力于促进企业、大学和研究机构之间形成长期伙伴关系，通过深化合作加快科研成果的转化利用。

慕尼黑工业大学设立了创业基金，旨在为处于创业早期阶段的技术型新企业（主要是信息与通讯技术、医疗技术和清洁技术等领域）提供面向市场拓展的启动资金，投资者主要是德国的企业和创业者、机构型投资者，尤其是欧洲投资基金（European Investment Fund）。创业基金鼓励慕尼黑工业大学师生创立面向全球市场的高成长科技型公司，用热情和专业精神追求创业目标，它不仅提供初始风险资本，还通过市场知识培训、初创经验分享和有效的商业合作伙伴网络来支持创业者。为了发展和拓展创业合作网络，慕尼黑工业大学的各个学院推选出一批创业大使作为创业榜样。

慕尼黑工业大学依托丰富的外部资源及网络，开展了各种类型的创业活动，加速了创意的产生以及转化，在提供创业资金的同时还构建了更重要的、创业所需的社会关系网络。比如，一年一度的商业比赛旨在鼓励创业者开创具有创新和竞争力的新企业。该比赛对慕尼黑工业大学的在校师生和毕业生开放。这些商业大赛极大地激励了学生创业，并为他们开办公司提供了强有力的支持。

德国经验表明，创新创业生态体系的构建需要完备、先进的科研体系作为支撑。应鼓励以研究和创新为基础的创业，提高创新资源对中小企业和初创企业的开放程度，在充分利用中国创业人群的高热情基础上，不断提升创业的科技含量和创新水平。

四、韩国高校创新创业教育

2017—2018 年全球创业观察报告显示，韩国政府在创新创业方面的政策支持在整个亚洲和大洋洲 54 个经济体中位列第 4 位，并且在主要发达经济体中排名第 1 位，韩国政府有很多政策都是着眼于促进高校创新创业教育发展的。从内容上看，这些政策一方面强调产学合作在创业教育发展中的作用，另一方面重视生态系统的构建。韩国高校创新创业教育的扶持政策，可以为我国高校创新创业教育的发展提供启示和借鉴。在大力发展创新创业教育成为全球大趋势的背景下，韩国各个高校掀起了创新创业教育的热潮。其原因有三：韩国政府主导作用，产业界的积极参与，高校自身主动寻求变革。在这些动因的共同作用下，韩国高校创新创业教育不断走向高质量发展。

韩国高校创新创业教育的迅速发展，主要得益于政府长期对此领域的重视（朱春楠，2012）。韩国政府于20世纪60年代起就开始重视提高高校的科学研究水平和培养具有创新精神的人才。在20世纪80年代前后，韩国政府开始制定相应的计划，支持部分高校开展创新创业教育，并孵化出了不少优秀的企业家和中小企业。一直到20世纪末，其支持力度一直呈上升趋势，但支持范围局限于首尔圈的一些高校或者具有高水平的研究院，其目标主要在于建设国际知名大学和培养创新应用型人才。到了21世纪初，面临着国际金融危机爆发和国内长期失业率居高不下的现状，韩国政府开始制定和实施几乎覆盖所有高校和旨在培养大学生创业能力的大型事业计划，同时定期开展评估，并且根据评估结果给予创业教育财政和人力上的支持。因此从2010年开始，韩国高校的创新创业教育得到了全面发展，创新创业教育生态不断趋向完善。截至2017年底，韩国共有194所高校创建了创业学院或者创业保育中心，同时开设创业课程的高校及创新创业课程量也随之快速增长。

韩国目前形成了非常成熟的产学合作模式，同时也推动着高校创新创业教育的发展，其目的都是希望能够推动韩国高等教育的改革，而改革的目标是让教育更加贴近社会发展和科技进步，从而丰富高校的功能内涵和提升高校自身的价值。除了政府相关部门的评估压力和产学合作的激励，韩国高校自身也有发展创业教育的内在动力。众所周知，韩国高校的入学率在全世界居于前列，进入21世纪以来，韩国高校的毛入学率在80%左右，但是由于受到人口结构、劳动力市场结构、雇用习惯和大学毕业生供过于求等方面的影响，韩国国内的就业形势近年来比较严峻，出现了学生大规模休学和退学现象。高校期待通过发展创业教育解决这一社会难题。

韩国高校创新创业教育在近40年的发展过程中，逐步形成了以创业支援中心为平台的社会实践教育模式，以创业学科建设为主导的专业化教育模式以及以产学研三维互动的生态化的教育模式，即产教融合型创业教育。

在创新创业教育教学层面，韩国高校极力打造校内校外两个平台，充分利用国内国外两种资源，强调师资的多元性和受众的广泛性。

（一）课程体系受众覆盖面广泛

韩国高校创新创业教育已经形成比较完备的课程体系，在创业教育课程的内容上十分重视应用性，尤其注重与专业学科的融合。在受众方面，不仅包括专、本科生，同时涵盖到了硕博研究生。如忠北大学将企业家精神和知识产权管理课程作为本科生基础课程；东新大学针对不同年段的本科生将课程分成计划、提高与支持三个层次；亚洲大学则结合学生的专业开设了职业与创业生涯设计、技术融合与商业化课程；韩瑞大学结合自身在航空航天等优势专业开设以服务为导向的 H-A-E 全球创业学课程。而研究生课程则在本科生课程内容基础上设置更具专业性和国际化的内容，大部分课程都非常注重培养学生分析能力和管理能力，兼具学术性和实用性，鼓励学生以更广阔的视角判断创业项目的可行性，并投入未来的商业实践中。例如，韩国科学技术院开设了两年制社会创业 MBA 课程，在国际上享有很高的声誉，为韩国培养了一大批社会创业领军人才（Kang Minjeong，2017）。有些高校同时也开设了博士课程，注重文理兼修与前沿理论研究相结合，例如群山大学开设的国际创业学博士课程项目。

（二）师资队伍既注重多元化又注重国际化

在师资队伍方面，韩国各高校建立了由朋辈导师、本校教授、国际学者和企业家教练组成的多元化师资队伍。其中朋辈导师大多是由已经毕业的优秀校友来担纲，韩国高校经常邀请创业校友返校为学生开展演讲，以实际经历来激发学生们的思考；创业理论课程的讲授则由本校教授承担，同时要求授课教师必须先到企业进行调查、学习和研究，制定相应的学习计划和教学方法。特别要强调的是在韩国高校承担创业教育理论课的教师中，78% 的教师有企业工作经验，50% 以上的老师有 3 年以上在企业或研究部门工作的经验（徐小洲，2013）。此外，由于韩国高校长期以来形成的访问制度，韩国高校可以大量聘请欧美国家的创新创业教育专家进入课堂讲授有关课程，这为国际化、高质量的创新创业教育提供了师资保障。国外学者加上本国具有实战经验的师资，使得创新创业教育能够在理论基础上进行丰富实践，同时也能使学生了解不同国家的创新创业前沿，大大开拓了眼界和格局（朱春楠，2012）。同时，韩国高校也特别注重企业家精神的引领作用，经常邀请优秀的企业家作为创业教练，讲授创业实践内容与实战案例，并广泛实施"结对"制度，让企业家精神深入学生头脑之中。

（三）教学形式灵活且偏重课外实践

韩国高校创新创业教育教学形式比较灵活，特别注重学生的体验。除了通过课堂讲授和专题讲座来培养学生的创业技能外，学校更多的是以学生为中心，采用大量非正式课堂的教学形式，鼓励学生们"走出校门，站上讲台、进入创业现场"。这些形式不仅能够提升学生感性体验，而且创新使创业教育教学更具趣味性和实效性。走出校门通常由创业导师或者创业俱乐部负责带领学生前往当地知名企业或者创业校友企业进行参观，并与企业管理人员交谈，感受企业家精神与企业的运营模式。站上讲台主要是为了增强学生的自信心和营造创业氛围，鼓励学生在创业社团或者路演区域公开阐述自己的创意和创业项目，并通过这一过程分析优秀学生的创业素养，发现有创业潜力的创业选手和团队，推荐他们参与各类创业竞赛。走进创业现场，则是希望学生通过参与实践活动将书本中企业的经营和管理模式与现实接轨，同时将创业意识和企业家精神与现实碰撞，促使创业意识与企业家精神深深根植于学生心中。可以看出，韩国高校创新创业教育在教学上既注重学生思维的形成，又注重实践能力的培养，并充分利用好校内校外两种资源和国内国外两种资源。

五、日本的创新创业教育

自 20 世纪 90 年代起，日本便开始详细调查、分析在创新创业支援上走在前列的英美等国经验，探索扶植、支援国民创新创业。日本高校也在这一时期开设"创业家养成讲座"，开启创新创业教育之门。1999 年，日本又再次对《中小企业基本法》予以修订，一改此前对中小企业"过小过多、过当竞争"的负面认识，转而视之为"国民经济的基础、经济活力的源泉"，着力推动中小企业特别是小企业的发展。此外，日本又先后于 2013 年、2014 年制定《小规模企业活性化法》和《小规模企业振兴基本法》，力图通过扶植中小企业重振日本经济。

（一）培养创业精神、资质、能力

作为日本科技及经济的发动机，日本高校被寄予重振经济的厚望，而创业教育则是其重要途径之一。按照日本学界的一般理解，创新创业教育是指培养创业家精神和创业者的资质、能力的教育，即培养具备创业家精神（挑战精神、创造性、探求心等）和创业者资质及能力（信息收集、分析、判断、执行、领导及沟通等能力）的教育。这种教育并非仅针对创业者或企业经营者，教授某些特殊内容，而是针对任何有创业志向和热情者，培养其与他人协作创新的能力。经历近 20 年的发展，日本近半数高校在本科或研究生阶段开设了创新创业教育课程，并彰显出与欧美等国不同的特点。

首先，就日本高校创新创业教育课程的类型而言，学界将其总结为"创业家专业教育型""经营技能综合演练型""创业技能第二专业型"和"企业家精神涵养型"四类。其中，"创业家专业教育型"指在经营学部、商学院等教学单位开设"创业家专业"培养学生。这是创新创业教育的根本类型，如日本大学、东京工科大学及小樽商科大学等均属此类。"经营技能综合演练型"指在经营学部、商学院等围绕制订商业计划而开设演练式课程。青山学院大学等属于此类。"创业技能第二专业型"指针对工学、医学专业学生开设讲授创业技能的第二专业（副专业）的教育。庆应大学、关西学院大学

及信州大学等均属此类。"企业家精神涵养型"指针对全校学生的一般教养式创业教育。这一类型以广岛修道大学及横滨国立大学等为代表。

其次，就创业教育的具体实施而言，试以第一、四种类型示例。

作为"创业家专业教育型"的代表，日本大学开设研究生层次的 2 年制创业类 MBA 专业课程，以核心科目与专业科目为经纬支撑起课程体系。其中，核心科目是必须科目，讲授从事商业不可或缺的专业知识；而专业科目为专业方向课，针对学生多为家族企业继承者或医疗、IT 等行业从业者的特点，提供"健康及社会关怀""技术及管理"和"中小企业及风险投资"等方向课程供学生选择，以满足不同需求。具体实施上，第一学期讲授管理基础理论课程（核心科目），第二、三学期讲授实践型课程（专业科目），第四学期安排学生在教师的指导下完成硕士论文或制订商业计划，为直接促成创业的实施打下基础，显示出"创业家专业教育型"的专业性特点。

而作为"企业家精神涵养型"的代表，广岛修道大学的创业教育课程并不突出专业性，而是培养学生在商业社会所应具备的基本涵养。该校自 2007 年起开设涵盖本科一至三年级的"创业：事业创造课程"。其中第一年讲授簿记和经营等基础理论，第二年设置"创业家精神养成讲座""商业计划制作"等若干选修课，第三年设置"商务及模拟"和"营销及调查"等实践性科目。课程结束后颁发"课程修了证书"，以便学生在大四应聘时将其作为准技能证书提供用人单位，增加就业可能性。此外，该校每年举办两次"商业计划大赛"，外校大学生甚至高中生亦可申请参加，评委由广岛银行等当地金融机构融资主管担任，优胜者将获得由广岛风险投资育成基金提供的创业资金资助。这既贯彻了该校服务地方、为地方培养人才的办学宗旨，也说明其在对待学生实际创业的态度上，将支援事宜交给社会上的相关专业机构，克制学校的过多参与，显示出"企业家精神涵养型"的侧重与分寸。

再次，就日本社会各界对创新创业教育的参与而言，其突出表现为政府、产业界与学校即所谓"官、产、学"三者协同合作。其中，政府将创新创业教育作为国家发展的重要课题，为高校创新创业教育的开展提供政策支持；产业界积极为高校提供信息及资金等保障；高校亦不断改变办学理念，结合学校实际开设创业课程，并聘请具有优秀创业经验者担任教师，从而构建起"理念—课程—教学"的完整体系。此外，在日本创新创业教育体系里，政府扮演了计划制定、政策引导及居中协调等一系列重要角色，相较于欧美国家发挥了更强有力的行政力量。

在社会各界高度参与的背景下，日本创新创业教育课程类型渐趋多样，本科及研究生阶段的课程科目数量不断增加，且部分高校灵活地聘用有创业经验的校外人士担任教师，既提升了师资力量及课程质量，也节省了相关经费。与此同时也存在一些问题。比如，课程名称及内容各异，说明日本高校对于创业者所需能力及创新创业教育课程内容尚未形成统一认识；而本科及研究生阶段的创新创业教育课程内容相近，也说明其尚未建立起内容垂直衔接的教育体系，仍处在摸索、尝试阶段。因此，在面对日本开展创新创业教育的经验时，我们仍需辩证地吸收与借鉴，取其精华，去其糟粕，从而推进我国创新创业教育的健康发展。（李志永，2010）

（二）东京大学的创新创业教育

东京大学是日本乃至亚洲最著名的名牌大学。从社会学视角分析其在创新型人才培养方面的经验，源于在社会适应方面学校建立的顺时应需，国家政策的调控指引，社会服务的价值趋动和科学研究的目的明确；管理制度方面学校办学目标的明确具体，体制机制的机动灵活，组织管理的自主性强和人事制度的合理设计；培养模式方面对学生实施教养教育，对学科注重交叉融合，对发展强调以质取胜和对校外推进开放教育；教学过程方面强调学生学习的独立自主，教师教学的灵活自由以及课程设计的自主选择。

东京大学基于实践的创新能力培养，东京大学衍生出来的创业公司数量达到 196 家，在日本排第一位，是排名第二的京都大学两倍以上。东京大学的产学协创推进本部成立于 2004 年，主要有三项任务：东大的专利申请管理，推动产学研项目，支持创业。支持创业包括为研究院与学生提供咨询、孵化企业、创业教育的服务。产学协创推进本部所开发的支持创业的项目从最初的 1 个发展到目前的 10 余项，如 entrepreneur DOJO（创业道场）是 2005 年开始的，它向本科、研究生、博士生提供为期半年的课程，课程的最后是团队创业比赛。此外，东大还运营四栋"创业—孵化空间"。孵化的创业项目 64 家，其中已经"毕业"有 37 家，其中 3 家公司上市，7 家公司被收购退出。

第二节　国外高校创新创业教育的经验和启示

国外高校创新创业教育发展较早，已经趋于成熟，国外各高校也有了创新创业教育的自身特色，取得了很好的教育成果。

英国本土特色的创新创业教育体系，即政府对创新创业资金的提供、创业教学中心的服务、层次分明结构合理的课程及创业经验丰富的师资队伍。英国创新创业教育的成功经验启示我们，要实现经济的发展、人才培养质量的提高，必须要加强创新创业宣传力度、调整创新创业课程结构、搭建创新创业展示平台、完善创新创业师资队伍、强化创新创业政策制度。

一、国外高校创新创业教育的经验

（一）创新创业教育理念先进

在美国等国家的大学，创新创业是生活，也是文化，每个人都可以创新，都可以比过去做的好一些，这就是人们更容易理解和接受的创新的理念，也是美国近年高等教育的趋势。马里兰大学的教授谈道，创新创业教育并不是让学生都去创业，而是关注学生的全面发展，通过创新创业教育让学生澄清兴趣、训练思维、培养发现真实问题的能力，培养承担风险和坚持不懈的个性品质。

创业教育并不是让学生建立公司，而是帮助学生培养创业心态。虽然最终选择创业的是一部分师生，但大多数师生都有机会接触创业，在实践过程中让他们具备创业的基本意识，帮助他们澄清职业生涯规划，同时挖掘出具有创业潜能的团队，培养创业者的创造力、创新精神和探索精神。

（二）宽松的创新创业教育环境

国外高校创新创业教育有着比较宽松的环境和氛围，他们认为创新创业是大众都需要的东西，不是针对特定的人群，要在更大范围内开展创新创业教育，并且鼓励试错，宽容失败。斯坦福大学创业人数非常多，学校允许教师每周有一天不上班，可以用一年时间去创业，有些教师会支持自己的博士生去创业，教师作为导师和顾问，这样的模式对学校和教师都有益。

美国很多大学正在改变政策，鼓励更多的教师去创业，这些政策包括更加认可教师创业者，将创业纳入教师选聘过程，鼓励教师与外部合作伙伴进行联系等。大学也积极解决与政府机构的合作，解决教师创业的限制条件。积极支持大学的技术转移，促进大学与企业的合作，同时越来越注重社区和地方经济发展。

美国的创新创业教育于 20 世纪 70 年代起步，小企业的兴盛极大地促进了美国经济的发展，提供了众多的就业岗位，各大高校的创新创业教育迅速发展，高校的创新创业活动日益丰富，为学生提供了实践和学习的机会。到 90 年代越来越多的学校开展创新创业教育，并鼓励开展跨学科的创新创业教育，人才团队、学生生源、教学内容等方面都体现出跨学科的特点。众多高校成立了创业中心、创业服务中心等专门的机构，整合创新创业教育的各方资源，发布创业咨询、组织创业大赛、开展研讨会和研究活动、提供创业服务和资金等。

为了更好地推动创新创业教育的发展，"全美创业中心"于 1996 年成立，并于 2007 年更名为"全球创业中心联盟"。该联盟在全球有 200 多个高校创业中心，其中 150 个位于美国，联盟为各高校提供创业教育服务平台，促进高校创新创业教育的发展。

（三）专业的创新创业师资队伍

国外高校都有专业的创新创业教育师资队伍，除了大学教师以外，还会聘请企业家、投资者和创业公司的高层管理人员，例如麻省理工学院的"双轨型教师"队伍，这些教师不但拥有较强的创新创业理论修养，还有一定的企业或者创业工作经验。学院鼓励教授每周抽出一天的时间为企业提供服务，这样不仅能增强学校与企业的联系，同时也为教师提供了实践的机会，提高了创新创业素养，也能更深入地了解了企业的创新创业过程，能够促进教师创新创业教育理论与实践的结合。学院还会定期举办创新创业教育培训活动，注重对创新创业师资队伍的培训，并根据创新创业教育的最新需求调整培训内容。

（四）开放灵活的创新创业课程体系

国外高校都有着开放灵活、系统化的创新创业课程设置。例如麻省理工学院的创新创业教育课程包括理论型、实践型、团队项目型三大类课程，课程会面向全体师生开放。理论型课程包括创业、管理技术和创新等课程，让学生充分了解创新和创业的概念；实践型课程包括社会创业、发展性创业等课程，帮助学生对初步形成的创业设想转变成创业计划，给准备创业的学生提供相关的指导和培训；团队项目课程包括创业实验、创业团队等课程，学生可以跨专业组建创业团队，共同解决创业项目中的实际问题，让学生在真实的创业环境中得到锻炼，运用所学理论知识解决创业过程中遇到的问题。

教学方法会依据教学内容不断调整，多采用案例教学法，将创业的每一个环节都设计到教学过程中进行现场教学。还会聘请企业家为学生提供指导，模拟创建公司，进行创业实战演练，学生会身临其境体会到创业的整个过程，对创业问题形成高层次的认识。

（五）广泛的创业合作网络

国外高校积极与企业建立创业合作网络，促进学校创新创业教育的发展。例如慕尼黑工业大学与企业、科研机构建立了广泛的合作网络。学校与企业互动合作为学校的科研提供有力的资金保障，也为学生提供了实习机会，同时学校的科研成果能迅速进入企业，实现科研成果的转化，也增强了企业的市场竞争力。创业合作网络不仅加强了学校与企业、科研机构的联系，也加强了创业网络内部个体之间的联系。慕尼黑工业大学鼓励师生积极参与企业和社会的创新创业活动，支持他们在各个学科领域的创新创业行为，规定学校内部高水平的教学与高水平的研究受同样的待遇，企业招聘的教师在工业界的经验等同于大学的经历，这样的政策吸引力企业的大量人才，也使学校与众多知名的企业建立了紧密的合作关系，从而促使了科研成果的转化，推动了学校创新创业教育的发展。

二、国外高校创新创业教育对我们的启示

我国高校创新创业教育尚处于起步阶段，在观念、行动、角色和目标方面存在着诸多问题，需要借鉴学习美国、德国等发达国家高校创新创业教育的经验。通过分析总结美国、英国、德国等国家部分大学的创新创业教育经验，我们应该深刻思考我国的创新创业教育改革思路，在观念上，要坚持创业与创新相联系，深化创新创业教育理念，营造宽松自由的创新创业教育文化。在行动上，要注意将创新创业文化融入教育活动中，积极探索符合高校特色的创新创业教育体系；在角色定位上，要清晰自己的职责，明确创新创业教育的培养目标，致力于培育全面发展的引领型人才。

（一）重塑创新创业教育理念

当今世界，以智能化、信息化为主要特征的第四次科技革命、产业革命和教育革命的汇聚发展正在加速重塑全球科技版图和创新格局，创新成为引

领发展的第一动力。大力发展创新创业教育意义深远，创新创业教育的核心是提升学生的社会责任感、创新精神、创业意识和创业能力，是培养大学生创新精神和实践能力的重要途径。

自 1999 年清华大学承办首届"挑战杯"，全国大学生创业计划大赛正式拉开全国高校创新创业教育序幕以来，创新创业教育在我国已经走过了 20 多个年头。20 多年来，创新创业教育的理论和实践由表及里、由浅入深、不断深化发展，在提升高等教育质量、促进创新创业人才培养、服务国家经济社会发展等方面发挥了重要作用。深化高校创新创业教育改革是适应全球竞争、服务国家创新驱动发展战略、促进经济提质增效升级的时代要求，也是推进高等教育综合改革、促进大学生高质量创业就业的客观需要。

1. 高校要树立全新的创新创业教育观念，要认识到大学生创新创业教育是实施创新驱动发展的战略需要，是高校改革和发展的必然要求，是学校实施卓越教育的应然选择，是学生个性化发展的内在需求，是促进大学生就业的有效途径。

2. 高校要培育大学生的创新精神，提升大学生创业意愿与创业能力，明晰创新创业教育目标，激发大学生的创业意识，转变就业观念，培养大学生的创业精神。

3. 创新创业教育的目标是：学生通过系统学习，掌握创业管理的基础知识和基本技能，提高创业品质素养、创业知识素养和创业技能素养。创业品质素养，即创业者应具备的使命感和责任心、创新意识、冒险精神、正直诚信、坚韧执着等品质。使命感和责任心是驱动创业者勇往直前的力量之源，创新意识和冒险精神是进行创业的内在要求，正直诚信体现了成功创业者的人格魅力，坚韧执着是对创业者意志力的挑战；创业知识素养是开展创业的基本要素，创业者不仅要具备必要的专业知识，更要掌握经济学、管理学、社会学、心理学、法学、哲学、文学、艺术、伦理学等综合性知识和管理科学知识；创业技能素养包括战略规划能力、团队组建能力、决策能力、沟通协调能力和执行力等。

（二）营造创新创业教育的文化氛围

文化对人的影响来自特定的文化环境和各种形式的文化活动，文化对人的影响具有潜移默化和深远持久的特点。文化影响人们的实践活动、认识活动和思维方式，良好的创新创业文化能够丰富人的精神世界，增强人的精神力量，促进人的全面发展。通过营造高校创新创业文化氛围，倡导创新创业文化，树立崇尚创新创业带动就业的价值导向，会极大地推动高校创新创业教育的发展。

在当前全社会推进大众创业万众创新的主流指导下，高校的创新创业教育对于加快发展新经济、培育发展新动能，推动经济全面振兴具有重要意义。高校要加快推进孵化基地转型升级，创新发展模式，加快孵化基地建设，积极搭建创新创业教育平台，提高服务质量，充分调动和发挥师生创新创业的积极性和创造性，学习借鉴先进经验，推动创新创业教育的发展。

要进一步营造浓厚的创新创业氛围，讲好创业故事，培育和推广创客文化，将企业家精神和创客文化通过转化为实实在在的创业活动，为高校创新创教育工作带来新动力。要加强对创新创业的宣传，通过多种形式的报道激发师生创新创造活力，让创新创业者成为受人尊重的公众人物，努力营造尊重劳动、尊重知识、尊重人才、尊重创造的良好氛围。

（三）完善高校创新创业教育课程体系建设

高校要更新教育观念，加强创新创业教育课程体系建设，全面提升大学生的创新创业意愿与能力。在大学中开设创新创业学专业或研究方向，并相应授予学士学位、硕士学位、博士学位。学校要围绕创新创业精神、创新创业理论与知识、创新创业实践三大模块，针对不同年级、专业，分类别设计各具特色的创新创业教育课程体系。针对大学一二年级学生，开设通识类创新创业教育课程；针对大学三年级学生，开设差别化的创新创业专业课；针对大学四年级学生，开设个性化的创新创业教育及实践课程，帮助其提升创新创业能力。同时，允许和鼓励学生跨学科、跨层次、跨阶段选修创新创业课程。

（四）创新教学方法，注重创新创业教育内容的体验

在课堂教学中注重创新创业教育教学过程的启发性，更多采取案例教学、创意设计、企业创建模拟训练等形式，以创新创业项目为依托，将创新创业理论贯穿于实践之中。培养大学生独立思考能力和创新思维品质，沟通能力与合作精神，以及敢于拼搏、百折不挠、坚持不懈的意志品质。通过举办大学生创新创业大赛，建设创新创业模拟实践基地及创业孵化基地等形式，推进大学生创业团队、企业建立。

（五）加强师资队伍建设，实施创新创业导师辅导制

加强对从事创新创业教育教师的专业系统化培训，不断提高教师创新创业教育理论水平。积极引入具有创新创业经验的企业家，通过创新创业座谈或举办创新创业讲座等形式，提升大学生对创新创业及其管理的感性认识。构建以专业教师、资深专家、创业者、企业家、天使投资人、风险投资家、政府官员等为核心的专兼职师资队伍，丰富教学内容，促进创新创业教学理论与实践有机结合。组建创新创业导师咨询委员会，对有创新创业意愿的学生进行指导，辅导他们撰写商业计划书并提供其创新创业所需要的条件。

（六）加快推进产学研一体化步伐，搭建大学生创新创业实践平台

大学生是协同创新的主力军，协同创新要求高校，特别是研究型大学要加强与企业、社会的深度合作，建设大学生创业孵化基地及大学科技园，对大学生创新创业项目进行预孵化。依托大学，搭建由政府、风险投资公司和校友提供创业项目与基金支持的合作平台，不仅为有创新创业意愿的学生提供实践机会，而且帮助他们评估项目，资助有发展潜力的创新创业项目，提高大学生创业企业成功率。

  总之，高校要以面向全体学生、注重引导、分类施教为原则，在全校范围内开设创新创业通识教育课程和专业教育课程，并将创新创业教育有机融入专业教育。通过创新创业教育教学，使学生掌握创新创业的基本理论和基础知识，熟悉创新创业的基本流程和基本方法，以提升大学生的创新创业意愿，提高创新创业成功率。构建专兼职教师队伍，以课堂教学为主渠道，以专题讲座、创业论坛、创意设计、企业创建模拟及社会实践为补充，将创新创业理论与实践有机结合。加大政府政策支持力度，引入风险投资基金，对大学生创新创业项目进行预孵化，精心扶持大学生创新创业。最终将大学生培养成为具有创新能力、创业精神和良好的创业品质的人才，服务于创新型国家建设和人力资源强国建设。

第三章　我国高校创新创业教育的发展

第一节　我国高校创新创业教育的现状

一、我国高校创新创业教育的发展历程

1998 年，清华大学举办了"创业杯"大学生创业计划竞赛，这是我国首次举办的大学生科技创业竞赛。

1999 年，国务院公布《面向 21 世纪教育振兴行动计划》，提倡"加强对教师和学生的创业教育，鼓励他们自主创办高新技术企业"，从此启动了我国大学生自主创业的历程。

2002 年 4 月，教育部召开"普通高校创业教育试点工作座谈会"，提出高等学校应当把培养具有创新精神和创造、创业能力的高素质人才作为高校的重要任务，同时确定清华大学等 9 所大学为全国首批创业教育试点学校，这次会议标志着我国高等学校创业教育已经进入政府引导发展阶段。

2010 年 3 月，国务院发布《国家中长期教育改革和发展规划纲要（2010—2020）》，明确要求把培养一大批国家急需的创新创业型人才作为高等教育的首要任务。同年，教育部颁行《教育部关于大力推进高等学校创新创业教育和大学生自主创业工作的意见》，明确要求加强创新创业课程体系

建设，要把创新创业教育有效纳入专业教育和文化素质教育教学计划和学分体系，建立多层次、立体化的创新创业教育课程体系。

2012 年，《教育部关于全面提高高等教育质量若干意见》对高等学校创新创业教育课程建设提出相关要求："制定高等学校创新创业教育教学基本要求，开发创新创业课程，纳入学分管理。"教育部办公厅后续印发《普通本科学校创业教育教学基本要求（试行）的通知》文件中，对教学目标、教学原则、教学内容、教学方法等方面做了明确的规定。

2014 年 5 月，九部委发布《关于实施大学生创业引领计划的通知》，政府支持大学生创业的政策制度和服务体系更加完善。

2015 年 5 月，国务院发布《国务院关于深化高等学校创新创业教育改革的实施意见》（国办发〔2015〕36 号），明确提出 2015 年起全面深化高校创新创业教育改革。此文件颁布后，如何形成科学先进、广泛认同、具有中国特色的创新创业教育理念，进一步推进和完善我国创新创业教育，成为高校深化高等教育教学改革的重要方面。

2018 年 9 月，《国务院关于推动创新创业高质量发展打造"双创"升级版的意见》（国发〔2018〕32 号）提出推进大众创业万众创新是深入实施创新驱动发展战略的重要支撑。

国务院时任副总理孙春兰于 2019 年 10 月 14—15 日在浙江调研高等教育并出席中国"互联网 +"大学生创新创业大赛有关活动。她强调，要深入学习贯彻习近平总书记关于教育的重要论述，把创新创业教育融入人才培养全过程，加快高等教育内涵式发展，全面提高人才培养质量，不断提升教育服务国家发展能力。

二、我国高校创新创业教育发展的现状

近年来，我国高校创新创业教育得到快速发展。从出现时的探索，再到实践中的发展，创新创业教育在人才培养中发挥的重要作用已得到国家和社会的普遍认可，得到高校的普遍重视。在国家相关政策的导引下，全国高校创新创

业教育陆续开展，各高校已把深化创新创业教育改革作为高等教育综合改革的突破口。教育部 2002 年选定了 9 所创业教育试点高校，2008 年选定了 30 个创新与创业教育类人才培养模式创新实验区，2015 年选定了 50 个"全国高校实践育人创新创业基地"。各个高校普遍遵循以学生为本，与学校办学特色相结合，以专业教育为基础，面向全体、分类施教的根本理念。同时在创新创业教育具体实施开展中，各高校结合社会发展状况、高等教育发展趋势及其自身发展优势，创新创业教育理念均有不同方面的侧重，提出了许多具有时代性与科学性的教育理念。创新创业教育开展的整体状况、教学机构、课程设置、教材情况、师资情况、教育效果、创业服务等方面都各有特色。

大多数高校都成立了以校长为组长，以主管教务工作或就业工作的校级领导为副组长的领导小组，由教务处或就业处牵头协同各工作组开展相应的工作。例如，黑龙江大学在成立领导小组的基础上，成立了创新创业教育协调委员会，由全校涉及教学、科研、学生、后勤、财务、产业、保卫工作等职能部门负责人组成，负责组织协调全校的创业教育工作，此外还组建了创业教育指导委员会和创业教育顾问团（校外组织）；南京航空航天大学成立了以校长为组长，以分管学生工作的副书记和分管教学工作的副校长为副组长，以全校各相关职能部门"一把手"为组员的创新创业教育领导小组，负责全校创新创业教育工作以及创新创业基地规划与建设的指导和推进；东北大学成立了由校长任组长，以人事处、教务处、财务处、资产处、科技处、产业集团、学生处等部门负责人为组员的学生创新创业工作领导小组，负责重大事项的决策。

创新创业教育课程建设工作仍处于探索阶段，各高校根据自身的学科优势和创新创业目标要求，在理论教学与实践教学相结合的基础上，坚持教学内容与学科专业深度融合的原则，坚持探索创新创业教育学科专业化的发展方向，面向全体学生逐步开设各类创新创业课程。在课程设置的形式和内容上大致分为三个层次：第一层次是面向全体学生，旨在培养学生创新创业意识、激发学生创新创业兴趣和动力的普及课程；第二层次是面向有较强创新创业意愿和潜质的学生，旨在提高其基本理论知识、技巧、技能的专门的系列专业课程；第三层次是旨在培养学生创新创业实际运用能力，以项目、赛事、活动为牵引的各类实践活动课程。

目前各高校的创业专任教师呈现出数量较少、学历较高、职称偏低等特点。在数量方面，大部分高校虽然都形成了自己的创业师资队伍，但专任教师数量较少，且基本以兼职教师为主。

各高校根据创业课程的特点，探索参与式、讨论式等多种实践教学方法，以课堂教学为主，以讨论式、参与式教学方法为辅，来弥补传统课堂教学的不足。授课形式以大班授课的课堂讲授式为主，引入讨论式、参与式的教学方法，注重使用小组讨论、头脑风暴、案例分析、模拟游戏等互动式教学方法。逐步实现了以知识传授为主向以能力培养为主、以教师为主向以学生为主、以讲授灌输为主向以体验参与为主的转变，调动了学生学习的积极性、主动性和创造性。

此外，地区政府高度重视创新创业教育的发展，在国家政策的指引下，整合资源，汇聚力量，从政策支持、资金保障、园区建设三个方面建立完备的大学生创新创业教育服务体系。地方政府创新创业教育服务体系的模式主要有以下三种：一是以政府为主导，设立创业基金并建设创业孵化基地，由驻地高校运作，共同扶持大学生高科技创业的模式。这种模式颇为普遍。二是以政府为主导，政府出资建设创业孵化基地，配套制定相应政策，全面为大学生提供创业服务的模式。三是以政府为主导，出台政策，整合资源，鼓励高校建设创业孵化基地，投资培育的模式。

三、创新创业教育影响大学生就业

近些年我国高校毕业生逐年增长，毕业生选择创业的比率却仅为5%，创业成功率也不足3%，大学生就业难已经成为全社会都普遍关注的问题。如何提高大学生的创业意识，培养大学生的创新创业能力成为高校面临的重要问题，也是高校改革和发展的必然要求。

目前，创新创业教育在各高校已经普遍开展。

一方面是创新创业理念的培养。通过开设"创业基础"等课程，让大学生对创新创业的概念、创业活动的特点、创业者必备的素质等知识有所了解，可以激发大学生创业的兴趣，激发他们的创造力和想象力，同时对学生形成乐观、勇敢、有担当的品质很有帮助。将创新创业的就业理念融入大学教育中，改变了大学生的就业观念，让他们认识到创业是更高级的就业，从而不断努力提升自己的创业能力，以创业带动就业。

另一方面是创新创业实践能力的培养。高校通过与企业、科研院所等机构合作，帮助大学生开展创新创业实践活动，通过创业孵化园、众创空间、创新创业大赛平台，为大学生提供丰富多彩的创新创业实践空间和机会，也因此涌现出非常多的优秀人才。

在高校开展创新创业教育，不仅能够培养学生求真务实、勇于探索的精神，培养他们敢于担当、乐于奉献的品格，还能够帮助他们塑造进取精神和创新的人格，更能让他们最大限度地发挥自己的特长，提高他们的就业能力，从而适应创新型国家发展的需求。

第二节　我国高校创新创业教育存在的问题

一、创新创业教育观念相对落后

目前许多高校缺乏科学完善的创新创业教育管理体系，创新创业教育观念落后，形式单一，创新创业教育只注重对学生进行简单的创业知识和技能的培训，创新创业教育实践活动也只局限于举办创新创业大赛。创新创业教育与思政教育和专业教育没有融合起来，赛事成果转化和产学研用也没有紧密结合起来。此外，由于资金配套机制和政策保障机制的缺乏，创新创业教育的进程也受到严重的影响，师生缺乏创新创业的热情，学校没有形成良好的创新创业教育环境和氛围。

二、创新创业教育模式与实际相脱节

大多数高校将创新创业人才培养目标纳入了学校人才培养体系，但没有根本改革人才培养模式，创新创业教育与实践活动没有在专业人才培养方案上得以体现，人才培养的评价与考核标准也没有与创新创业教育相联系。创新创业教育课程体系单一，实践活动也过多地停留在创业竞赛的指导上，与社会联动的缺乏导致学生创新创业项目进展不顺利。

高等教育旨在为社会培养高水平与高能力的应用型人才，地方院校培养的大学生应该具备区域企业所需求的知识和能力。而在现实中，大多数高校制定的学生培养方案不符合企业的实际需求，也没有从本校学生的实际情况出发，导致学生只是为了取得学分而失去了学习新知识、接受新鲜事物的兴趣；学生的创新创业课程注重理论的灌输而忽视了实践的演练操作，课程体系不规范且不统一，导致创新创业教育与需要培养的专业技能相脱节；学生课程的实验内容过于注重完成任务却不与企业接轨，学生学习的内容无法更好地融入社会中加以运用。教学模式单一，习惯采取传统教学模式，2020年新冠疫情的暴发确实助推了线上教育的发展，线上的微课、翻转课堂、MOOC等掀起了热潮。但也伴随着许多问题的出现，如线上内容繁杂没有重点，教师线上授课能力差，学生纯粹打卡签到，课程内容多但学而不精等。这些问题带来的后果是高校培养的人才不符合用人单位的需求，造成毕业生就业难、企业劝退率高等问题。总而言之，目前大部分高校创新创业教育的课程和教学还没有与产教融合发展体系相融合，教学模式与手段还不符合新时代的新要求，创新创业教育与信息技术结合可以说是任重而道远。

三、创新创业教育课程体系不合理

在高校创新创业教育课程体系方面还存在一些问题，主要体现在：第一，很多高校未建立与大学生创新创业教育对应的课程体系，也没有将创新创业类课程列入必修课，有限的几门创新创业类课程也游离在教学计划的边缘，很多是以选修课形式出现的，得不到应有的重视；第二，缺乏创新创业类教材，目前还没有统一的创新创业类统编教材，可以借鉴和参考的是某些学者的著作，各高校的教学标准也不一致，影响创新创业教育的效果；第三，现有的创新创业教育类课程较少，在教学计划中占有的比重较小，理论知识类课程较多，实践类课程严重缺乏，课程设置不合理，无法达到创新创业教育的要求。

四、创新创业教育专职教师匮乏

创新创业教育师资团队在创新创业教育中发挥着极其重要的作用，专职教师资源可以起到重要的引领作用，但是目前大部分高校都存在创新创业教育专职教师匮乏的问题，也是亟须解决的问题。

目前，高校的创新创业教育教师很大一部分是由高校的辅导员或行政人员担任，接受过创新创业教育培训的教师数量比较少，教师教学中缺乏创新精神，缺乏传授创新创业知识与技能的经验，教师没有亲身到企业中去体验与锻炼的经历，缺乏实践经验，也没有具体去了解行业发展的状况和前景，对学生授课泛泛而谈，注重理论的传授而忽视了实践操作，甚至从未指导过学生科研及创新型项目，无法对学生进行更好的指导，无法引导学生积极参加科研实践活动。教师实践能力的不足也限制了学生创新意识的发挥。

创新创业教育在我国发展较晚，也缺少这方面的专业人才，高校中这方面的师资队伍也比较薄弱，缺少专门的创业教室，多以兼课教师为主，很多教师是硕士、博士毕业之后直接进入高校工作，虽然他们理论知识比较丰富，但是缺乏实际工作的经历和企业经营的经验，更没有参加过创业的实践，在成为高校教师之前，没有接受系统的创业培训，不具备指导大学生创业的能力，这就造成了创新创业理论和实践脱节的情况。高校创新创业教师队伍薄弱的情况影响了创新创业教育的顺利开展，影响了创新创业教育目标的实现。

此外，高校缺乏科学的创新创业教师管理体制，导致教师创新创业激情不够高，发挥受限制，这成为限制高校创新创业教育工作发展的一个条件。

五、高校创新创业实训基地平台建设不完善

高校创新创业实训基地平台是学生的一个实践平台，对学生在校期间培养创新意识、锻炼创新能力，具有无可替代的作用。但是目前很多高校都存在以下几方面的问题：第一，创新创业实训基地平台基础设施不完善，基本的实验器材无法满足学生的使用需求，学校在基础设施方面投入的资金严重不足；第二，创新创业实训基地没有完整规范的管理制度，照搬其他学校的管理机制，不考虑本校的实际情况，没有从本校学生的实际出发，忽视了学生的需求；第三，创新创业实训基地无法实时提供创业动态信息和知识，抑或提供的只是浮于表面、司空见惯的创业案例，无法成为一个创新创业的交流平台；第四，创新创业实训基地没有实现高校与企业的资源整合，没有注重开展产教融合与企业共建高校创新创业实践教学体系。

六、大学生创业园发展受到制约

大学生创业园应该是高新技术企业的孵化器，创新创业人才培养的试验田，是连接大学和企业的经济纽带和桥梁。目前部分高校创建了大学生创业园，鼓励创业学生带项目入驻，创业园会提供一系列的相关服务和指导，但创业学生的项目却很难孵化成功，如何构建与社会沟通的实践和服务平台，帮助创业学生快速成长成为创新创业教育的关键。

第三节 高校是我国创新创业教育的重要阵地

一、大力营造创新创业教育的文化氛围

（一）建立完善的创新创业教育管理体系

1. 高校要将创新创业教育教学纳入学校改革发展规划，将创新创业教育纳入学校教育教学评估指标。

2. 要建立健全领导体制和工作机制，成立创新创业教育工作专门机构，组建创新创业学院，制定相关文件和制度，如《创新创业教育实施方案》《创业学院建设方案》《创业教育师资管理办法》《创业型本科生培养暂行办法》《创客空间建设与管理暂行办法》等文件，用以激励大学生参与创新创业活动。

3. 创新创业教育教学成果要写进本科教学质量报告，向社会公布。将创新创业教育纳入高校二级单位考核指标，进行教学、学生工作等评估。

（二）搭建创新创业竞赛活动平台

1. 立足第二课堂，依托政府和企业组织的各级各类大学生创业大赛，搭建国家级、省级、校级、院级四级大学生创业竞赛平台，吸引学生参加创业竞赛活动，提高学生的创业能力。

创新创业大赛能够很好地激发大学生的创造力，促进高校创新创业教育的发展。高校要把开展创新创业大赛作为促进创新创业教育改革的重要手段，积极推动双创教育与思政教育、专业教育的深度融合，提高大学生的创新精神和创业能力。同时积极推动赛事成果的转化和产学研用的紧密结合，努力形成高校毕业生更高质量创业就业的新局面。

2. 成立多个学生创业类社团，每年组织创新创业论坛、沙龙、讲座、访

谈、成果展、比赛、大学生创新创业年会、项目路演等，通过这些活动营造浓厚的创新创业教育氛围。

（三）设立大学生创新创业基金

高校应设立大学生创新创业基金用以支持大学生积极开展创新创业活动。部分高校已在这方面开展了实践，例如，武汉理工大学每年设立大学生创新基金 600 万元，创业基金 5000 万元，规划培育 500 个创新创业团队，创业学生人数达到 5000 人。

二、将创新创业教育纳入高校人才培养目标体系

（一）改革高校人才培养目标体系，体现创新创业人才培养特点

1. 将培养创新创业型人才作为学校人才培养目标，改革人才培养模式，不断提升学生的创新创业能力。将创新创业教育与实践纳入学校专业人才培养方案，改革人才培养评价与考核标准。

2. 针对有创业意愿的学生开设创业教育实验班，采用"1+X"培养模式，开设"创业＋专业"的"创业卓越班"，探索建立符合社会需求的学科专业结构和适应时代需求的创业就业人才培养结构，促进人才培养与地方经济发展以及社会创业就业需求的紧密对接。

3. 探索建立校企合作以及学校和地方、与国际合作的协同育人机制，积极吸引有利的社会资源和国外的优质教育资源共同培养创新创业人才。

4. 尝试开设创业管理等相关本科专业，培养具备创新思维、创业能力和创业管理水平的专业人才。

（二）改变创新创业课程体系，实现课程多元化

创新创业课程体系应该体现出多元化的特点，要以创新创业必修课程为基础，以创新创业实践项目为核心，根据授课进度和授课重点难点，结合

授课教师和学生需求，邀请企业界、产业界和投资界创新创业导师以主题报告、座谈交流和企业实践等形式，分享创业、运营、投资过程中的经验和问题，促进学生理论与实践的交叉融合、知识与能力的交叉融合，从而提升创新创业人才培养质量。

立足第一课堂，设立大学生创业教育二学位，构建由创业知识模块、创业素质模块、创业实践模块组成的创新创业教育课程体系。

要根据创新创业教育的总要求和高校人才培养目标，合理调整专业课程的设置。努力挖掘出各类专业课程的创新创业教育内容，在授课过程中紧密联系创新创业教育内容，从而达到专业教育与创新创业教育的有机融合。

（三）建立创新创业教育的服务保障体系

1.创新创业教育的顺利开展需要有专门工作机构、专业师资队伍、专项经费和创业实训基地来保障。

2.创新创业教育的服务内容要多样化，内容应该包括创业意识培养、创业知识传授、创业能力提升、创业实践指导。

3.创新创业教育的服务形式要包括课堂教学（创业教育课程、创业教育第二学位教学、讲座、专题团体辅导等）、课外活动（创新设计大赛、创业计划大赛等）以及创业实践（创业模拟实训、创业实习、自主创业、创业生涯人物访谈等），实现形式多样化。

4.加强专业实验室、虚拟仿真实验室、创业实训中心建设，注重思创融合、科创融合、产创融合和专创融合实训。

三、构建创新创业支撑平台

（一）初创期入驻创业园

有创业意愿的大学生申请入驻创业园，创业园为大学生提供实验室、实训室，开展模拟教学和创业实训。

（二）成长期进入企业孵化器

初创期实验成功可以进一步培育的项目进入企业孵化园，孵化园为学生提供技术指导，工商、税务、法律等一系列服务，帮助创业学生创办企业。

（三）成熟期进入发展加速器

孵化成功的企业进入试运营，产品投入生产并进入市场。武汉理工大学科技园加速器已经形成电动汽车关键零部件生产线、燃料电池膜电极自动化生产线等，产品已经进入市场。

四、组建高水平的创新创业教育教师团队

（一）创新创业教育教师团队的组建

高校要制定相关选拔、激励机制和考评、支持体系，吸引有意愿、有能力的教师加入创新创业教师团队，打造一支专业素质过硬、教学指导水平够高的创新创业教师团队。可以聘请成功创业者、知名企业家、投资人、学校杰出校友担任创新创业导师，逐步组建创新创业专职教师、各专业辅助教师、学业导师和外聘导师共同组成的专兼职创新创业教师团队。

创新创业专职教师不仅是有丰富专业知识与领域知识的内容专家，还应该是具有引导团队解决问题能力的引导师。教师要通过了解和思考学习，通过个人体验学习，通过网络资源中的经验学习来提升教学和指导能力。

（二）完善创新创业专兼职师资队伍制度建设

通过对青年教师岗前培训，对专职导师队伍的建设与管理和对校外创业导师队伍的建设与管理，不断完善专兼职师资队伍的建设。

（三）完善学校科技成果处置和收益分配机制

将教师的创新创业成果纳入教师教学、科研评价体系，不断完善教师职称评聘制度，将教师参与创新创业活动作为评聘职称的条件之一。按照国家政策鼓励高校教师保留教师身份自主创业，同时处理好知识产权归属问题，实现学校、二级学院和个人共赢共享的受益分配机制。

高校可让教师走进创业孵化基地，去亲身体验感受创新创业实践，让教师走进企业，学习经验并传授给学生，对参加培训提升技能等级的教师予以奖励或补贴，调动积极性。

五、完善创新创业实训基地平台

首先，开展产教融合，与企业合作，在一定程度上，企业提供的资金可以很好地解决创新创业实训基地平台的基础设施建设问题，也可对其进行改革重组以满足需求。其次，应建立符合本校实际的创新创业实训基地管理制度，制定具有本校特色的方案，如与企业合作开办特色班，请企业专家走进校园授课，企业导师与学生交流经验与想法，让实训基地成为一个创新创业的交流平台，学生可到企业去进行实训、实习等，这也会让毕业生就业率得以提高，注重开展产教融合与企业共建高校创新创业实践教学体系。最后，特色班的培养计划、教材开发或选用、实训实习、毕业论文或毕业设计均由学校与合作企业双方共同协商、联合指导。

六、共建创新创业数据共享平台

信息技术已经渗透到人们生活的方方面面，高校的教育体系中，多媒体教学、实验培训、人工智能、校园进出管理智能监控等都与其有着密切的联系。而在创新创业教育方面，高校与企业可共同打造数据共享平台。运用云计算、大数据等信息技术建设专业化的开放共享产教融合共享平台，依托平台汇聚区域和行业人才供需、校企合作、项目研发、技术服务等各类供求信息，为高校规划创新创业教育提供参考。高校与企业间可通过共建数据共享平台分享优质的创新创业资源，高校之间可互相开放实验室、网络教学平台与创新创业孵化基地。高校与企业之间可以互相学习，通过线上观摩学习创业竞赛路演活动与企业实训活动，深化创新创业教育载体及内容，促进教育信息化建设。

七、注重科研成果转化与评价体系的完善

学生科研成果的转化是指学生利用专业知识研发新产品或新技术完成知识和技术的转换。成果转化能锻炼学生更强的创业思维能力、动手能力、实践创新能力，有助于优化应用型人才的培养模式。首先，在产教融合的背景下，以企业为主体推进协同创新，推进科研成果技术的转化。高校可以从企业的需求出发，让学生自主选择研究的课题，并与企业签订成果转化方案，让企业给予指导，参与到科研活动中来，促进科研成果的转化。其次，要注重完善科研评价体系。目前，大部分高校的科研评价体系还处于初步探索的阶段，应积极引入第三方评价机构，让评价体系质量得到提升，也更加公平公正。支持社会第三方机构开展产教融合效能评价，注重质量，完善评价体系。强化监测评价结果的运用，作为绩效考核与表彰激励的重要依据。

第四章　高校创新创业教育文化的培育

第一节　创新创业教育人才培养体系的建构

当前，我国高校不断深化创新创业教育，积极将创新创业教育融入人才培养的全过程。2010 年 5 月，《关于大力推进高等学校创新创业教育和大学生自主创业工作的意见》发布后，很多高校抢抓机遇，乘势而上，纷纷将创新创业教育作为学校改革发展的突破口，开展了实践探索。

下面介绍几个典型案例：

案例一：平顶山学院

平顶山学院于 2014 年正式启动转型发展，2016 年入选河南省示范性应用技术类型本科院校。2019 年 7 月 2 日，《河南日报》刊发平顶山学院学校党委书记王文鹏理论文章《深化产教融合 创新应用型人才培养模式》，文章介绍平顶山学院近年来探索应用型大学建设路径，深化产教融合，建机制、搭平台，全方位推进"引企入教"，改革创新应用型人才培养模式，校企协同育人不断深化。

文章中提到以下几点值得借鉴：

第一，建立体制机制，为产教融合、校企协同育人营造良好环境。平顶山学院不断完善管理体制和内部治理、管理机制，成立产教融合专门管理机构——地方合作处，组建行业学院管理机构，各二级学院专业建设指导委员会均有来自行业企业的外部专家；制定《平顶山学院关于深化产教融合推进校企合作工作的实施意见》《平顶山学院校企合作管理办法（试行）》，推进行业企业全程参与人才培养；制定、修订《平顶山学院课程体系改革与创新工程实施方案》《平顶山学院教学模式改革与创新工程实施方案》《平顶山学院关于加强教师实践能力培养的实施办法》《平顶山学院行业教师管理办法》等制度，从教育教学改革、双师双能型师资队伍建设等方面深化产教融合，努力构建与应用型大学建设相适应的体制机制，为产教融合创新人才培养模式提供引导、支持，营造良好环境。

第二，共建育人平台，为产教融合、校企协同育人提供有力支撑。平顶山学院在搭建校企协同育人平台工作中，注重统筹规划，按照"依靠政府引导，牵手行业龙头企业，联合高水平研究型大学和科研机构，与企事业单位、政府部门开展合作，以行业学院建设为抓手，政产学研协同推进"的建设思路，上下协同，与300余家政府机构、企事业单位签订合作共建协议，与平顶山市人民政府、中国平煤神马集团、平高集团等单位合作共建7个行业学院，依托行业学院，共建校外实习基地300多个，建成10余个协同创新平台和4个新型智库。学校坚持学科专业一体化建设，依托共建平台导入行业企业发展需求、引进创新创业项目、共建双师双能队伍、构建生产实训场景，为应用型人才培养提供了强有力的支撑。

第三，全面"引企入教"，推进行业企业参与人才培养全过程。平顶山学院做实做好行业学院建设，积极整合共建单位资源，全面推行校企协同育人，不断提高行业企业参与办学程度。行业企业专家参与专业设置。各学院专业建设指导委员会负责新设专业的前期调研、咨询、论证等工作，专业建设指导委员会中均有行业企业专家参与。行业企业专家参与专业人才培养方案修订。学校要求各专业人才培养方案修订工作不仅要进行充分的行业企业调研，方案修订过程还必须有行业专家参与。行业企业专家参与课程建设。学校鼓励、支持行业企业专家参与课程教材建设，各二级学院积极探索推进，邀请行业企业专家共同助力专业课程群建设，围绕学生的专业能力培养，构建了特色课程群；与合作企业组建联合授课团队，共同制订授课计划，企业提供真实案例及相关课程资源（含课件、教案及网站等），指导校内教师对课程案例及资源进行有效整合和课堂应用；在特定学期开展工学交替的校企联合授课等。行业企业专家参与人才培养评价。通过校企联合举办专业技能大赛、学生创新创业大赛等，邀请行业企业专家担当大赛组委会成员和评委；在专业技能课程考核、毕业论文（设计）答辩中邀请行业企业专家担任评委。校企共建教学团队。学校努力打造校企一体、专兼职结合的双师双能型教学团队，推进实践教学环节双导师制。

第四，培育办学特色，探索形成特色化应用型人才培养模式。平顶山学院自推进转型发展以来，紧紧围绕平顶山市产业发展规划和"五大转型"战略，对接地方主导产业链、创新链，确立了"做大做强电气信息类、化工环境类、经济管理类学科专业群，做优做特文化创意类、教师教育类学科专业群，积极培育医疗卫生类学科专业群"的学科专业群建设思路。在学校"政产学研协同"的产教融合基本模式要求下，各学科专业群探索推进个性化协同育人举措，形成了各具特色的协同育人模式。电气信息类专业群探索"依靠行业协会，牵手龙头企业"的合作育人模式，学校是平顶山市电器产业协会副会长单位，依托平高学院，与平高集团等企业合作开办"平高班"，近年来已有百余名学生在平高集团就业。化工环境类专业群探索"引厂进校、师生进企"双进合作育人模式，实行"骨干教师一人一企"行动计划，由企业工程师和学校骨干教师共同指导学生开展科技创新；依托平煤神马学院，与中国平煤神马集团等企业合作开办"尼龙班"。文化创意类专业群探索"以项目为纽带，校媒融合"的协同育人的模式，依托大河传媒学院，与地方主流媒体、传媒企业深度融合，在校内共建了"新媒体工作室"等10余个协同育人平台，引进企业真实项目，在完成项目的过程中提升师生的实践能力和创新创业能力。经济管理类专业群探索"政府搭台，企业参与"的合作育人模式，与地方税务部门共建"纳税人学校"，引入税务稽查、税务咨询、业务培训等项目，建立双导师团队，开展师生共做、师生共创。教师教育类专业群和与地方教育行政主管部门、中小学、幼儿园紧密合作，推进"校政校"三位一体协同育人，引入名师工作室，推行四年一贯全程双导师制，协同培养卓越教师，入选"河南省卓越全科型小学教师培养改革试点"，与平顶山市教育局共同申报成功"河南省教师教育创新试验区"。各学科专业群推动师生在真实环境中引入真实项目、开展真实流程的全程实战，已初步形成了"教学做创"一体化协同育人的应用型人才培养模式。

（资料来源：平顶山学院新闻网：《河南日报》刊发党委书记王文鹏理论文章 https://news.pdsu.edu.cn/info/1011/30490.htm）

案例二：山东交通学院

山东交通学院接连几年获批"国家级众创空间""山东省创客之家""国家技术转移中心交通产业中心""山东省大学生创业孵化示范基地""中国大学生 iCAN 创新创业实践教育基地""中国双创创业创新典型示范基地"等"双创"教育荣誉，显示了学校创新创业教育的骄人成绩和良好势头。

2013 年 9 月，山东交通学院将"成长进阶式"创新创业教育人才培养体系建设融入学校应用型人才培养模式改革，面向全校 55 个专业推广实施。经过 4 年多实践，目前已完成了创新创业教育课程群的集成，明确了全校 1620 门专业课程中的创新创业内容要求、达成标准和评价方式，形成了丰富的"基于实践、基于兴趣、基于课题、基于大赛"的实践训练空间，建成了一批深度合作的校内外实践教学基地，培养了一支有成长力的创新创业导师队伍，推动成立了创新创业学院，理顺了创新创业教育的管理、激励、保障机制，有效解决了创新创业教育与专业融合的难题，解决了学生创业与专业脱节、企业与人才培养脱节的问题，形成了适应地方本科高校的创新创业实践平台塑造方案。

（资料来源：山东交通学院：探索创新创业教育人才培养新模式 https://www.sohu.com/a/230037101_498091）

案例三：苏州科技大学电子与信息工程学院

苏州科技大学电子与信息工程学院依托 2 项江苏省高等教育教改研究课题和 14 项教育部产学合作协同育人项目，以省重点专业和一流专业（电子信息工程）建设为基础，深化产教融合，以"目标导向、深度融合和多维协同"的大学生创新创业教育理念为指导，构建了"专业教育、思政教育、双创教育"相融合的人才培养体系，通过探索与实践，重点解决电子信息类专业学生科技创业能力差、专业教育与创业教育"两张皮"的问题。

学院以学生发展为中心，充分考虑全面发展与个性发展需求，根据人才培养目标，将创新创业教育分植于培养方案中的不同课程类别和培养环节，以"创新思维激发、创业能力培养"两条主线组织教学内容，将思政教育、专业教育和创新创业教育相融合。在教学过程中，由教师担当组织者和指导者，采用微项目驱动方法，利用工程实境、团队协作等学习环境要素，充分发挥学生的积极性和创新精神，最终达到有效提升大学生创新创业能力的建构目的。

在这种教学模式下，学生的创新精神和创业意识明显增强，在全国"互联网 +"大学生创新创业大赛、中国机器人及人工智能大赛、"创青春"速度中国杯大学生创业大赛、江苏省"互联网 +"大学生创新创业大赛、江苏省大学生"挑战杯"等赛事中斩获佳绩。

（资料来源：苏州科技大学：电子信息类创新创业人才培养模式成效显著 https://www.360kuai.com/pc/95cad7feebec535d2?cota=3&kuai_so=1&tj_url=-so_vip&sign=360_57c3bbd1&refer_scene=so_1）

案例四：中国地质大学（武汉）

中国地质大学（武汉）是教育部直属全国重点大学，是国家首批"211工程""'985 工程'优势学科创新平台"重点建设、国家"双一流"建设高校，是最早建有研究生院的 33 所高校之一，是中国地球科学高层次人才培养的摇篮和地学研究的基地。学校全面落实立德树人根本任务，积极响应国家创新驱动发展战略，将深化创新创业教育改革作为推进学校"双一流"建设的突破口和重中之重，紧密结合行业和服务区域需求开展创新创业教育，努力打造独具本校特色的"三融合"人才培养模式。

学校坚持把创新创业教育工作贯穿于人才培养全过程，成立创新创业教育领导小组，校长担任组长，统筹推进全局工作。在政策引领方面，学校制定实施《大学生创新创业教育发展规划（2014—2020）》《深化创新创业教育改革实施方案》《创新创业人才培养燎原计划》等制度措施，在课程体系、教学变革、实践活动、师资建设、基地平台方面融入人才培养全过程，形成长效机制。在机构保障方面，学校成立学生就业创业指导处（正处级），组建长江国际创客学院，设立学院创新创业教育专干和创新创业委员，形成了学校整体规划、职能部门协调配合、学院抓实主体、师生共创共赢的工作格局。在场地和经费支持方面，学校开辟7300平方米的创新创业实践场地，2018年学校投入就业创业相关工作经费达2907万元，近三年社会支持资金近千万元。

近年来，学校荣获"全国创新创业典型经验高校""全国高校创新创业实践育人基地""国家级创新型孵化器""科技部众创空间""首批高等学校科技成果转化和技术转移示范基地""湖北省大学生创业示范基地""武汉市百万校友资智回汉突出贡献单位"等荣誉，2018年成功举办第一批科技成果转化签约大会（签约总金额51亿元），凸显了"三融合"人才培养模式的卓越成效。以下为"三融合"人才培养模式的特点：

（一）跨学科专业交叉融合

学校勇于打破学科界限，培养学生形成跨学科知识结构、跨学科思维能力和跨学科素养，鼓励学生探知学科交叉中的未知领域、触碰和解决新问题。

[案例]平台建设："地质+"全国大学生创新创业教育联盟

2018年，学校联合35所高校、企事业单位发起成立"地质+"全国大学生创新创业教育联盟，组织"地质+"全国大学生创新创业大赛，依托自然资源领域相关高校和生产单位优势，立足行业、服务行业，加强自然资源领域跨学科交叉探索，大力促进产学研用协同创新，为建设美丽中国、宜居地球，提供人才和科技支撑，携手培养适应自然资源领域行业需求的复合型高素质人才。学校深度融入行业，推进与浙江地质勘查局战略合作，成立中国地质大学杭州创新创业基地。组建地下空间研究所、自然资源调查与生态环境保护研究所、地学大数据研究所、国际设计驱动创新研究所，借助区位优势，局校互补，加快建设学生创新创业实习实训基地、双创实践育人基地、学生"地质+"创业孵化基地，共建校企合作创新创业教育基地。

（二）教学与科研实践融合

学校深入推进科教结合协同育人，大力弘扬实践育人的优良传统和特色，加大各类科研基地、实验平台向全校学生的开放力度，让学生早进团队，早进课题，早进实验室，提升其创新思维和实践能力。

[案例]平台建设：组建科教协同实体—中国地质大学（武汉）李四光学院

学校坚持教学与科研实践融合的发展道路，联合中国科学院研究生院及8个研究所共建"C^2科教战略联盟"、创新研发基地和技术转移中心，成立了李四光学院，所有学生提前进入院士、教授的高水平科研团队，通过校内外优质教学科研资源的整合，培养独立思考、自主表达、崇尚学术、勇于探索的拔尖创新人才，现已累计培养420余名学生。

（三）创新创业教育与专业教育融合

学校以提升学生社会责任感、创新精神、创业意识和创新创业能力为核心，明确全体教师创新创业的教育责任，在建构学生基本专业素养的同时，加强创新思维和创新方法的训练，推动创新创业教育与专业教育紧密结合，造就源源不断、敢闯会创的青春力量。

[案例]平台建设：成果转化一体化平台——武汉地质资源环境工业技术研究院有限公司

学校与武汉市政府共同组建武汉地质资源环境工业技术研究院，打造技术转移与应用技术研发平台、产业孵化基地和运营支持平台、产业金融和投资平台、创新创业人才培养平台及国际合作平台五大科技产业服务平台，建设了国内领先的知识产权与成果转化服务体系。

2016—2018年，学校参与高科技创新创业的学生逐年增加，涌现出第十三届中国大学生年度人物、创新人才王奉宇，人造闪电"雷神男孩"刘豪民，年营收近1500万元的智慧博物馆优秀青年刘于飞，获评全国扶贫先进个人、带领500户农民成功脱贫的湖北返乡创业大学生翁新强为代表的双创人才，在学生群体中发挥了榜样示范作用。

学校创新创业人才培养引起了强烈反响，"三融合"培养模式、校企合作创新创业教育基地、"地学长江计划""地质+"全国大学生创新创业教育联盟及大赛等工作品牌得到广泛关注，《人民日报》《光明日报》《中国青年报》《中国教育报》和新华网等权威媒体多次报道学校创新创业教育工作。

（资料来源：地大新闻网：中国改革报构建"三融合"人才培养模式 https://voice.cug.edu.cn/info/1006/2738.htm）

以上几所高校在创新创业教育人才培养模式的改革方面各具特色，为高校创新创业教育的发展提供了方向和指导。

第二节 创新创业教育机构建设

《国务院办公厅关于深化高等学校创新创业教育改革的实施意见》（国办发〔2015〕36号），"各高校要加强专业实验室、虚拟仿真实验室、创业实验室和训练中心建设，促进实验教学平台共享""鼓励各地区、各高校充分利用各种资源建设大学科技园、大学生创业园、创业孵化基地和小微企业创业基地，作为创业教育实践平台，建好一批大学生校外实践教育基地、创业示范基地、科技创业实习基地和职业院校实训基地"。

中国高校创新创业教育研究中心于2016年4月19日正式成立，挂靠中国高校创新创业教育联盟秘书处，在教育部的领导下开展工作。学术委员会作为研究中心的学术咨询和学术决策机构，将联合联盟内各成员高校创新创业教育专家，采取协同创新的机制，推动我国高校创新创业教育学术和理论研究，指导高校创新创业教育研究和实践。

为推动创新创业教育研究多出优秀成果，提升国内创新创业教育管理与教学水平，中国高校创新创业教育研究中心特设立中国高校创新创业教育改革研究基金项目，用于探索创新创业教育教学规律、对创新创业教育教学水平和效果产生明显效应的学术研究。基金项目于 2017 年 9 月 19 日在清华大学正式发布，全国共有 70 所高校共计 86 项研究课题进行申报，经过基金项目评审委员会通讯评审和会议评审，最终共有 10 项研究项目入围。

很多高校建立了创新创业学院、创新创业教育中心、创新创业教育基地、大学生创业孵化园等。创新创业教育的开展应当建立专门的管理机构，有效整合相关资源，提高创新创业教育的成效。通过开展创新创业教育理论研究，搭建创新创业信息服务平台，审查和辅助学生的创业项目，为学生创业做好配套服务；营造良好的创业环境，加强政府、社会各界和高校的协同作用，为创业者提供必要的政策和资金支持，鼓励学生创新创业，培养学生创业观念和精神；打造创业型的师资队伍，一方面，制定相关措施，鼓励青年教师到创业一线兼职；另一方面，聘请成功企业家担任兼职教师，鼓励学生参与企业实践，在实践中向经验丰富的创业者学习。

第三节　建设校园创新创业文化

建设校园创新创业文化，需要在高校形成良好的创新创业氛围，这是实现创新创业环境优势的先决条件。良好的创新创业氛围需要渗透创新创业文化来营造，需要加强创新创业的宣传，推动创新创业理念和意识深入人心。

高校要加快创新创业文化建设，就要建立以人为本、特色鲜明的创新创业文化。坚持以人为本的出发点，切实尊重个人、尊重人的首创精神。积极帮助大学生创业者树立企业家意识，秉承"勇敢创新，敢于实践，宽容失败"

的创新创业文化理念，通过文化渗透在校园构建创新创业优质人文环境。

高校需要通过创业课程的讲授和创业实践活动的开展来进行创业知识和创业技能的传递。应着力培养学生的创新思维、创业意识和创业精神，借助系统的创业课程教育，使学生掌握基本的创业知识、创业理论和创业经验；通过实施创业实践基地教育，为学生创业提供资金和咨询服务，使学生在创业实践中得到锻炼和提高。学校要联合政府、企业、科研机构等多方力量，通过构建创新创业培训讲堂和网络创新创业交流平台，加强国内外著名企业家、学者等对创业者的实践进行网络指导，增加创业者与学者、企业家之间的联系，充分凸显出优质的创新创业文化，使之内化为每个创业者心中的行为准则。

通过开展创业大赛、开设创业讲座、创业论坛等各种创业活动，实施创业实践教育；通过鼓励和活跃学生创业社团，加强专业指导，让学生创业社团开展自发式的创业实践活动。激发学生创新思维、创新意识，强化创新创业能力训练，推动高校创新创业教育的开展。

学校要建设创新创业实训基地和孵化平台，为创业者提供创业实践支持。依托创业基地，让更多的创业者能够在不断的实践中积累创业经验；建立竞争机制、开放机制、激励机制，使得创新创业人才的作用得以充分发挥。鼓励创新创业合作，弘扬团队精神，努力造就一大批富有创意、善于创新、勇于创业的人才，产生具有创新价值、独领风骚的创新创业成果。

高校还要利用传统媒体和新媒体共同作用，提高创新创业舆论呼声，增强对创新创业精神的宣传力度和效果。一方面，为创业者提供支持和帮助，培育他们敢于冒险的精神；另一方面，对创业失败者予以宽容，进一步提高创业人员的创新创业积极性。

在 2023 年 3 月全国两会期间，习近平总书记强调："要深化科技体制改革，大力培育创新文化，健全科技评价体系和激励机制，为创新人才脱颖而出、尽展才华创造良好环境。"

吉林建筑大学深刻领会习近平总书记的讲话精神，深化创新创业教育改革，力争打造一支创新创业生力军。2015 年，学校党委积极响应国家大众创业万众创新号召，精心谋划，成立了大学生创新创业孵化园，为学生们搭建了实现梦想的空间和舞台。大学生创新创业孵化园配有竞赛指导区、项目研讨区、成果展示区、多媒体培训室以及 20 个独立运营空间，入驻的团队均来自大学生创新创业训练计划项目及重要竞赛的优秀成果。通过在这里打磨和实践，学生们打开了眼界和格局，提高了辨析能力，认识市场也认识自己。

为了让创新创业成为校园最美的风景，吉林建筑大学建立了学校、学院、班级三级阶梯式"双创"教育管理体系，坚持对学生创新精神和创业能力的培养，搭建教育培训实训平台，建设"课程体系""科创基地""百名导师""项目孵化""文化引领"五项工程；建立竞赛、项目、课程、创业实践奖励激励机制，对在"双创"教育实践中成绩优异的老师和学生进行奖金或课程成绩折算、实践学分奖励；构建了"通识、专业、精英"多层次双创课程体系，采取"线上线下互补""必修选修并进"等多种形式，通过基础课与专创融合选修课互补，推动了大学生创新创业项目、竞赛、课程突破形式壁垒，形成有机联动。吉林建筑大学积极探索校园创新文化，连续举办了八届校园科技创意节，通过"新生参观孵化园""创新无限创意集市"等活动，以及计划项目、竞赛和科研成果展示，营造浓厚的校园创新创业文化氛围。

随着对创新创业教育教学的深入探索和实践，吉林建筑大学双创工作成绩斐然——教育部认定的首批百所"全国深化创新创业教育改革示范高校""全国创新创业典型经验 50 强高校"；连续三年被中国互联网新闻中心评为"中国创业创新典型示范高校"；被评为"吉林省大众创业万众创新示范基地""吉林省大学生创新创业示范基地"。近三年来，师生创作的作品更是多次入围国际赛事，并有多项作品获得亚洲设计学年奖，在各级各类创新创业竞赛中共获得国家级奖项 396 项、省级奖项 1574 项……创新创业的浪潮在这里早已澎湃汹涌。

"我的创业我做主，我的创意我打造！""没有创新，就没有进步！""用青春书写梦想，用激情燃烧希望！"……这些由学生们书写的充满青春力量的宣言被粘贴在孵化园里的"心愿墙"上。奋斗正青春，创业正当时。在这片成长的沃土上，一个个萌动的梦想正蓄势待发。

第五章 以赛促教——中国"互联网+"大学生创新创业大赛

第一节 中国"互联网+"大学生创新创业大赛简介

一、中国"互联网+"大学生创新创业大赛赛事介绍

中国"互联网+"大学生创新创业大赛,是 2015 年由李克强总理亲自提议举办的,为贯彻落实《国务院办公厅关于深化高等学校创新创业教育改革的实施意见》(国办发〔2015〕36 号),进一步激发高校学生创新创业热情,展示高校创新创业教育成果,搭建大学生创新创业项目与社会投资对接平台。

大赛采用校级初赛、省级复赛、全国总决赛三级赛制。校级初赛由各高校负责组织,省级复赛由各省(区、市)负责组织,全国总决赛由各省(区、市)按照大赛组委会确定的配额择优遴选推荐项目。大赛组委会将综合考虑各省(区、市)报名团队数、参赛高校数和创新创业教育工作情况等因素分配名额。每所高校入选全国总决赛团队总数不超过 4 个。

(一)第一届中国"互联网+"大学生创新创业大赛

首届大赛于 2015 年 5 月启动,由教育部与有关部委和吉林省人民政府

共同主办，吉林大学承办，大赛主题是"'互联网+'成就梦想，创新创业开辟未来"。大赛吸引了全国 1878 所高校的 57253 支团队报名参加，提交项目 36508 个，参与学生超过 20 万，带动上百万学生参与创新创业大赛。首届大赛总决赛在吉林大学成功举办，经校级初赛、省级决赛，共 300 支团队进入全国总决赛。北京航空航天大学 Unicorn 无人直升机系统和浙江大学智能视力辅具及智能可穿戴近视防控设备获得并列冠军，华南理工大学广州优蜜移动科技股份有限公司团队、西安电子科技大学 Visbody 人体三维扫描仪团队分获亚军、季军。

（二）第二届中国"互联网+"大学生创新创业大赛

第二届中国"互联网+"大学生创新创业大赛于 2016 年 3 月至 10 月举办，大赛主题为"拥抱'互联网+'时代，共筑创新创业梦想"。大赛自 2016 年 3 月启动以来，吸引了全国 2110 所高校参与，占全国普通高校总数的 81%，报名项目数近 12 万个，参与学生超过 55 万人，分别是首届大赛的 3.3 倍、2.7 倍。大赛总决赛在华中科技大学开幕。经校级初赛、省级复赛及教指委学科竞赛推荐，630 支优秀团队入围全国总决赛，通过网上评审和会议评审，包括港澳地区 4 个项目在内的 124 个项目进入全国总决赛现场比赛。西北工业大学"翱翔系列微小卫星"项目以全场最高分获得此次大赛的最高殊荣；南京大学"Insta360 全景相机"项目获得亚军；山东大学"越疆 DOBOT 桌面机械臂"项目和北京大学"ofo 共享单车"项目获得季军。

（三）第三届中国"互联网+"大学生创新创业大赛

第三届中国"互联网+"大学生创新创业大赛于 2017 年 3 月至 9 月举办，主题是"搏击'互联网+'新时代，壮大创新创业生力军"。参赛项目内容涵盖"互联网+"现代农业、信息技术服务、文化创意、公益创业等多个领域，涌现了一批科技含量高、市场潜力大的好项目。全国总决赛于 2017 年 9 月 16 日在西安电子科技大学开赛，经过 6 个月的层层选拔，119 个项目脱颖而出，走入总决赛现场参加金奖争夺；另有 109 个项目参加 "铜奖晋银奖复活赛"，8 支港澳台团队参加比赛。此外，本届大赛还首次设置了国际赛道，有 17 支国外大学团队参加国际赛道的比赛。浙江大学杭州光珀智能科技有限公司项目以 740 分获得全国总冠军，北京航空航天大学 "ULBrain 机器人视觉解决方案" 项目获得亚军，南京大学 "分子精准调控的吸波导磁材料及工业解决方案" 项目和东南大学 "全息 3D 智能炫屏 – 南京万事屋科技有限公司" 项目分获季军。

（四）第四届中国 "互联网 +" 大学生创新创业大赛

第四届中国 "互联网 +" 大学生创新创业大赛由教育部等 13 个部委和福建省人民政府共同主办，由厦门大学承办，全国总决赛于 2018 年 10 月 13 日在厦门大学开赛。大赛主题是 "勇立时代潮头敢闯会创，扎根中国大地书写人生华章"。第四届大赛参赛人数再创新高，共有 2278 所高校的 265 万名大学生、64 万个团队报名参赛，最终产生 382 支到厦门参加总决赛的团队，其中，主赛道 262 支、"青年红色筑梦之旅" 赛道 60 支、国际赛道 60 支，分别来自境内 164 所高校、港澳台 13 所高校、国际 55 所高校。总决赛设置 "金奖争夺赛" "五强争夺赛" "冠军争夺赛" 3 个比赛环节，最终评审出金奖 81 个。北京理工大学的 "中云智车——未来商用无人车行业定义者" 项目勇夺全国冠军，厦门大学 "罗化新材料：全球激光荧光陶瓷的领航者" 项目、北京邮电大学 "人工智能影视制作——聚力维度" 项目获得亚军。浙江大学 "邦巍科技——全球高性能结构材料领跑者" 项目、北京理工大学 "枭龙科技 AR 智能眼镜" 项目、加拿大多伦多大学 "FlexCap" 项目获得季军。

（五）第五届中国 "互联网 +" 大学生创新创业大赛

2019 年 6 月 13 日，第五届中国 "互联网 +" 大学生创新创业大赛在浙江正式启动，本届大赛由教育部与有关部委和浙江省人民政府共同主办，浙江大学和杭州市人民政府承办。第五届中国 "互联网 +" 大学生创新创业大赛共有来自全球五大洲124个国家和地区的457万名大学生、109万个团队报名参赛,参赛项目和学生数接近前四届大赛的总和。大赛主题为"敢为人先放飞青春梦,勇立潮头建功新时代"。2019年10月14日晚上,万众瞩目的第五届中国"互联网+"大学生创新创业大赛冠军争夺赛在浙江大学举行。来自清华大学的"交叉双旋翼复合推力尾桨无人直升机"项目获得冠军,来自浙江大学的"回车科技——未来全脑智能行业定义者"项目获得亚军,来自浙江大学的"智网云联——无限共算全球算力交易平台"项目和来自印度尼西亚泗水理工学院、浙江工业大学的"iHe@r"项目获得季军。

(六)第六届中国国际"互联网+"大学生创新创业大赛

2020年6月至11月举办第六届中国国际"互联网+"大学生创新创业大赛。大赛主题是"我敢闯,我会创"。第六届大赛致力争做到"五个更"。一是更国际。立足粤港澳大湾区,融入全球创新创业浪潮,汇聚世界一流大学,打造同场竞技、相互促进、人文交流的国际大平台。二是更教育。深化创新创业教育改革,构建德智体美劳"五育平台",培养学生敢闯的素质、会创的能力;助力脱贫攻坚,提升学生社会责任感和担当精神。三是更全面。做强高教、国际、职教、萌芽各板块,探索形成各学段有机衔接的创新创业教育链条,实现区域、学校、学生类型全覆盖。四是更创新。广泛开展大学生和中学生创新活动,助推科研成果转化应用,服务国家创新发展。五是更中国。以大赛为载体,推出创新创业教育的中国经验、中国模式,提升我国高等教育的影响力、感召力和塑造力。第六届大赛将举办"1+6"系列活动。"1"是主体赛事,包括高教主赛道、"青年红色筑梦之旅"赛道、职教赛道、萌芽赛道。"6"是6项同期活动,包括"智闯未来"青年红色筑梦之旅活动、"智创未来"全球创新创业成果展、"智绘未来"世界湾区高等教育峰会、"智联未来"全球独角兽企业尖峰论坛、"智享未来"全球青年学术大咖面对面、"智投未来"投融资竞标会。本届大赛由教育部与有关部委和广东省人民政府共同主办,华南理工大学、广州市人民政府和深圳市人民政府承办。全国共产生 1600 个项目入围全国总决赛（港澳台地区参赛名额单列），其中高教主赛道 1000 个（中国大陆参赛项目 600 个、国际参赛项目 400 个，中国港澳台地区参赛项目数量另定）、"青年红色筑梦之旅"赛道 200 个、职教赛道 200 个、萌芽赛道 200 个。

（七）第七届中国国际"互联网+"大学生创新创业大赛

2021 年 4 月，第七届中国国际"互联网+"大学生创新创业大赛在江西正式启动。本届大赛聚焦建党百年的特殊时点、进入新发展阶段的战略起点、第一次在革命老区办赛的特殊地点三个时空背景进行整体策划，结合江西丰富的红色资源，继续围绕"更中国、更国际、更教育、更全面、更创新"的总体目标，传承跨越时空的伟大的井冈山精神，聚焦"五育"并举的双创教育实践，完善线上线下相融合的赛事组织形式，上好集党史教育、思政教育、创新创业、乡村振兴、红色筑梦为一体的一堂最大的中国金课，举办一届共建共享、融通中外的由百国千校、数百万青年学子参加的全球最大规模的一场创新创业盛会。

本届大赛在比赛内容和赛程安排等方面进行了适当优化和调整，力争做到"四精"，即精准策划、精细实施、精心组织、精美呈现。主要体现在以下几个方面。

一是主体赛事。在继续设置高教主赛道、"青年红色筑梦之旅"赛道、职教赛道和萌芽赛道的基础上，拟增设产业命题赛道，激发全社会创新创业创造动能，助推科技创新成果转化应用，赛道方案将另行发布。

二是"青年红色筑梦之旅"活动。紧扣"建党百年"主题，大力弘扬跨越时空的伟大的井冈山精神，将红色教育、专业教育与创新创业教育相结合，贯穿"四史"教育，全面推进课程思政，厚植学生"爱党爱国"情怀；聚焦革命老区，开展公益创业，引导师生服务乡村振兴，在全国范围内打造一堂主题鲜明的思政大课、实践大课。

三是同期活动。在大赛总决赛期间，融合高校课程思政建设、创新创业教育、在线教育、拔尖人才培养等内容，将举办6项同期活动，即"慧秀中外"国际大学生创新创业成果展、"慧智创业"中国民族品牌主理人面对面、"慧展华彩"历届大赛优秀项目对接巡展、"慧治创新"全球乡村振兴智慧化高端论坛、"慧云闪耀"全球数字化教育云上峰会、"慧聚未来"国际青年学者前沿思辨会。

四是赛事安排。4月正式启动大赛，5月下旬举行"青年红色筑梦之旅"活动全国启动仪式；5—9月举行校赛、省赛；10月下旬举行总决赛。本届大赛进一步加大国际参赛的邀请力度，广泛动员国外名校参赛，总决赛期间国内外学生同场竞技。结合新冠肺炎疫情防控要求，制定线下和线上线下相结合两套实施方案，根据疫情防控形势和要求适时转换。

（八）第八届中国国际"互联网＋"大学生创新创业大赛

2022年4月9日上午，第八届中国国际"互联网＋"大学生创新创业大赛冠军争夺赛在重庆大学隆重举行。本次冠军争夺赛以线上线下相结合的方式进行，国际项目全程线上参赛。来自海内外高校的6支参赛队经过近2小时的激烈角逐，最终，南京理工大学"光影流转"团队斩获大赛冠军。据介绍，本届大赛以"我敢闯，我会创"为主题，由中国教育部等12个部委会同重庆市政府主办，重庆大学承办。赛事自2022年4月启动以来，共有来自海内外111个国家和地区、4554所院校的340万个项目、1450万名学生报名参赛，参赛人数首次突破千万。

最终，来自中国的北京大学、北京航空航天大学、浙江大学、南京理工大学团队，与美国卡内基－梅隆大学、瑞士苏黎世联邦理工学院团队站上了冠军争夺赛舞台。据悉，南京理工大学"光影流转"团队带来的是"亿像素红外智能计算成像的开拓者"项目。该项目定位于远距离宽视场智能探测感知成像系统创新，采用编码孔径的思想实现图像超分辨率成像，以有效解决图像像素化的问题，提升对远距离弱小目标的探测精度与作用距离。

北京航空航天大学"微纳动力科技"团队带来的"磁场控制技术攻克靶

向医疗"项目获得大赛亚军。北京大学"深势科技"团队、浙江大学"谓尔"团队、卡内基－梅隆大学"临床级直肠癌诊疗评估一体化 AI 系统"团队、苏黎世联邦理工学院"智子科技"团队获得季军。

（九）第九届中国国际"互联网+"大学生创新创业大赛

第九届中国国际"互联网+"大学生创新创业大赛于 2023 年 5 月至 10 月在天津大学举办。大赛由教育部、中央统战部、中央网信办、国家发展改革委、工业和信息化部、人力资源和社会保障部、农业农村部、中国科学院、中国工程院、国家知识产权局、国家乡村振兴局、共青团中央和天津市人民政府共同主办，天津大学承办。本次大赛的主题为"我敢闯，我会创"，旨在落实立德树人根本任务，传承和弘扬红色基因，聚焦"五育"融合创新创业教育实践，开启创新创业教育改革新征程。此次大赛内容包括主体赛事、"青年红色筑梦之旅"和同期活动。

大赛共产生 4100 个项目入围总决赛（港澳台地区参赛名额单列），其中高教主赛道 2300 个（国内项目 1800 个、国际项目 500 个）、"青年红色筑梦之旅"赛道 600 个、职教赛道 600 个、产业命题赛道 400 个、萌芽赛道 200 个。

第二节　"互联网+"大学生创新创业大赛的目的、作用和意义

为贯彻落实《国务院办公厅关于深化高等学校创新创业教育改革的实施意见》（国办发〔2015〕36 号），进一步激发高校学生创新创业热情，展示高校创新创业教育成果，搭建大学生创新创业项目与社会投资对接平台，根据习近平总书记关于高等教育和创新创业的重要讲话精神，中国（国际）"互联网+"大学生创新创业大赛应运而生。

一、大赛的目的和任务

（一）以赛促学，培养创新创业生力军

大赛旨在激发学生的创造力，培养造就大众创业万众创新生力军，鼓励广大青年扎根中国大地了解国情民情，在创新创业中增长智慧才干，在艰苦奋斗中锤炼意志品质，把激昂的青春梦融入伟大的中国梦，努力成长为德才兼备的有为人才。

据教育部统计，中国"互联网＋"大学生创新创业大赛自 2015 年创办以来，累计有 947 万名大学生、230 万个大学生团队参赛，培养了一大批有理想、有本领、有担当的源源不断的青春力量。在大赛的带动下，青年学子的实践锻炼能力显著增强。2019 年，118 所部属高校、932 所地方高校的 3.84 万个项目入选"国家级大学生创新创业训练计划"，参与学生人数共计 16.1 万，项目经费达 5.9 亿元，以学生为主体的创新性实践在各高校全面铺开。

大赛在高教、职教、国际板块的基础上，拓展面向高中生的萌芽板块，积极引导大学生、中学生树立创新意识，拓展创新思维，广泛开展创新活动，助推科研成果转化和应用，主动服务国家创新发展，实现了从基础教育、职业教育、高等教育的全链条、全覆盖。

2017—2019 年，教育部组织 31 个省份的 170 万名大学生、38 万个团队参加"青年红色筑梦之旅"活动，走进革命老区、农村地区、城乡社区，传承红色基因、了解国情民情、接受思想洗礼，助力乡村振兴和精准扶贫。对接农户近 100 万户、企业 3 万余家，签订合作协议 21000 余项，产生直接经济效益百亿元，设立公益基金 480 余项、基金规模达 3.6 亿元。

（二）以赛促教，探索素质教育新途径

把大赛作为深化创新创业教育改革的重要抓手，引导各高校主动服务国家战略和区域发展，开展课程体系、教学方法、教师能力、管理制度等方面的综合改革。以大赛为牵引，带动职业教育、基础教育深化教学改革，全面

推进素质教育，切实提高学生的创新精神、创业意识和创新创业能力。

在大赛的带动下，全国高校着力打造创新创业教育线上线下"金课"，其中 200 所创新创业教育改革示范高校开设 2800 余门线上线下课程、选课人数近 630 万人次。52 门创新创业教育精品慕课推出，创新创业教育课程体系不断健全。

各高校普遍开展教学和学籍管理制度改革，实施了弹性学制，支持学生创新创业，建立了创新创业学分积累与转化制度、在线开放课程学习认证和学分认定制度等，大大激发了大学生的学习兴趣和创新创业活力。

大赛的举办，既充分展示了深化高校创新创业教育改革的阶段性成果，又倒逼创新创业教育改革全面深化。

（三）以赛促创，搭建成果转化新平台

推动赛事成果转化和产学研用紧密结合，促进"互联网 +"新业态形成，服务经济高质量发展。以创新引领创业、以创业带动就业，努力形成高校毕业生更高质量创业就业的新局面。

引领科研成果转化，大赛打造了产学研用紧密结合的"新一极"，推动高校的智力、技术和项目资源与经济社会发展需求紧密对接，推动并引领新一轮产业变革，有力深化了高校与科技界、产业界、投资界合作。

Unicorn 无人直升机系统、翱翔系列微小卫星、Insta360 全景相机……大赛举办以来，涌现出了一大批优秀的创新创业项目。这些项目体现了以科技创新为基础的大学生创业特点，催生了一大批新产业、新模式、新业态。

根据前四届获得金银奖的 528 个项目调研数据显示，创意类项目赛后成立公司的，有一半左右完成融资，19% 的项目完成 5000 万元以上的融资；实践类项目 2018 年的年收入在 5000 万元以上的占比为 13%，最高的项目年收入突破 2 亿元。中国的创新创业教育培养了大学生敢闯会创的可贵素质，一定程度上实现了大学生素质教育的新突破，为当代大学生绽放自我、展现风采、服务国家提供了新平台，为世界创新创业教育提供了中国经验、中国方案。

二、"互联网+"大学生创新创业大赛的作用

（一）提升人才培养质量的有效抓手

"互联网+"大学生创新创业大赛自 2015 年创办以来，累计有 490 万名大学生、119 万个团队参赛，覆盖了 51 个国家和地区。目前大赛已经成为覆盖全国所有高校、面向全体高校学生、影响最大的赛事活动之一。通过多种方式加强赛事动员和项目挖掘与培育，广泛调动师生和创业校友的参与热情，把"互联网+"大学生创新创业大赛作为提升人才培养质量的有效抓手，推进专创融合进程，引领学校人才培养范式改革，有效提升学生"敢闯会创"的素质与能力。

1. 挖掘在校师生项目。全面梳理和挖掘本学院师生已有科技成果、创业项目及与革命精神传承、乡村振兴和社区治理相关的公益类项目，重点围绕具有较强技术创新、模式创新和市场应用价值的项目或企业、具有较强实效性和可持续性的公益创业类项目，组建参赛团队，配备指导教师，充分利用微信、QQ、钉钉等网络媒介，加强线上沟通交流，根据项目特点及所处阶段确定拟参加赛道、组别并准备参赛材料。项目建设和孵化应继续同步推进。

2. 挖掘创业校友资源。学校广泛发动各方力量，通过各种渠道挖掘本学院毕业五年内的创业校友资源，毕业校友创业范围可涵盖社会、经济、生活、文化等各个领域，在新产品、新服务、新业态、新模式等其中某一方面有明显创新或竞争优势，所创办企业或公益组织已形成一定规模，产生了较大的社会价值或经济价值。

（二）推进创新创业教育和专业教育的深度交叉融合

当前，很多高校成立了创新创业学院，活动搞得轰轰烈烈，但是并未在很大程度上调动广大专业教师的积极参与，创新创业教育和专业教育处于相互割裂的尴尬境地。"互联网+"大学生创新创业大赛有效推进了创新创业教育与专业教育的深度交叉融合。体现在以下几个方面：

一是教育目标的有机融合，通过"互联网+"大学生创新创业大赛，有效地把学生的创新精神、创业意识和创业能力的培养融入专业教育目标中，并使之成为专业人才评价的重要标准。

二是课程体系的融合。"互联网+"大学生创新创业大赛会针对大学生创新创业实践中的核心需求提供个性化课程模块和联合课程模块，做到因材施教和精准帮扶，有效地将创新创业课程内容融入专业课程中。

三是教育教学方式的融合。"互联网+"大学生创新创业大赛的准备要求教师改变传统教学方式，运用大数据技术和信息技术，满足学生的多样化、个性化的学习需求，通过不断的创业实践活动，鼓励学生大胆尝试科技创新作品、参加创新创业大赛、申请创业项目等。

四是"互联网+"大学生创新创业大赛会推进科教协同育人。专业教师将最新科研成果应用于教育教学，并以合同转让、自主创业等形式将科技成果产业化，教师带领学生协同创业，实现科教协同育人。

（三）推进"内外兼容"的教师队伍建设

当前多数高校的创新创业教师普遍缺乏产业实践经历，知识结构相对单一，创新创业指导能力比较弱。而"互联网+"大学生创新创业大赛，需要强有力的师资队伍做后盾，因此在指导学生参赛过程中，高校需要具备"内外兼容"的教师队伍。

一是指导学生参加大赛，教师会不断提升创新创业教育能力。高校会进一步完善专业教师、创新创业教育专职教师到行业企业挂职锻炼制度，补齐教师实践能力方面的短板，增强教师对大赛的指导能力。

二是指导学生参加大赛，需要有多元化的创新创业师资队伍。创新创业师资队伍应该具备多学科、多元化的特点，学校在培养校内师资的同时，还要吸收具有专业背景的行业专家、企业家走进课堂，担任创新创业导师，对学生进行全方位的指导。

目前很多高校都在大力打造创新创业教育的师资队伍，以满足创新创业教育的不断发展。

（四）推进"多元协同"的外部合作网络建设

高校创新创业教育的社会参与是非常有限的，为了推动高校创新创业教育高质量发展，需要破除体制障碍，形成"多元协同"的外部合作网络。"互联网+"大学生创新创业大赛的举办可以有效地发展校友网络，校友网络中有丰富的智力资本、人脉资本和金融资本，可以为高校创新创业教育提供全方位的支持；通过参赛，高校不断深化产教融合，鼓励企业以兼职师资、市场、资金和技术资源等全方位参与高校创新创业人才培养，实现校企协同育人、联合创新和共同创业；高校还可充分利用自身技术转移转化网络，通过专利信息服务、技术转移服务以及实践基地建设等形式，为大学生创新创业的技术众筹、资金募集等建立通道；通过参加"互联网+"大学生创新创业大赛，高校还可以参与相关国际组织以及国际创新创业竞赛和活动，推进创新创业教育国际化水平的不断提升。

三、"互联网+"大学生创新创业大赛的意义

"互联网+"大学生创新创业大赛建立了促进学生全面发展的重要平台和推动产学研用结合的关键纽带，极大激发了大学生投身创新创业的热情，也是一次在全国范围检验高校创新创业教育改革发展的大舞台。

大赛旨在深化高等教育综合改革，激发大学生的创造力，培养造就大众创业万众创新的生力军；推动赛事成果转化和产学研用紧密结合，促进"互联网+"新业态形成，服务经济提质增效升级，推动高校毕业生更高质量创业就业。鼓励广大青年扎根中国大地了解国情民情，在创新创业中增长智慧才干，在艰苦奋斗中锤炼意志品质，把激昂的青春梦融入伟大的中国梦。

把大赛作为深化创新创业教育改革的重要抓手，引导各地各高校主动服务创新驱动发展战略，积极开展教学改革探索，切实提高高校学生的创新

精神、创业意识和创新创业能力。推动创新创业教育与思想政治教育紧密结合、与专业教育深度融合，促进学生全面发展，努力成为德才兼备的有为人才。推动赛事成果转化和产学研用紧密结合，促进"互联网＋"新业态形成，服务经济高质量发展。以创新引领创业、以创业带动就业，努力形成高校毕业生更高质量创业就业的新局面。

时任教育部部长袁贵仁在首届"互联网＋"大学生创新创业大赛闭幕式上充分肯定了大赛取得的积极成效。他指出，大赛掀起了大学生创新创业的热潮，进一步凸显了大学生中蕴藏的创新创业热情和生机，进一步明确了大学生创新创业所需的知识和能力结构，进一步坚定了深化高校创新创业教育改革的决心和信心。要认真总结赛事成果，将其回馈到人才培养过程中，以赛促教、以赛促学、以赛促改，努力把这项赛事打造成深化高校创新创业教育改革的重要载体和知名品牌。

该赛事自 2015 年创办以来，已成为我国深化创新创业教育改革的重要载体和平台。中国国际"互联网＋"大学生创新创业大赛是覆盖全国所有高校、面向全体大学生的高校双创盛会。大赛自 2015 年举办以来，吸引了上千万大学生参加，涌现出一大批科技含量高、市场潜力大、社会效益好的高质量项目。

第三节　打造高质量"互联网＋"创新创业大赛项目

一、创新创业项目的构思

大赛项目要经历三个阶段，想出来，做出来，讲出来。所谓的构思就是第一个阶段——想出来，就是要想出好的点子、好的创意。

构思，又称创意，是指为满足一种新需求，实现一项预定目标所作的设想。在很大程度上可以说，构思是人们的一种思维过程，是对未来事物的一种想象和描绘。

（一）项目构思时要考虑的内容

1.项目的意义；

2.项目的目标；

3.项目的价值体现；

4.项目的市场前景及开发的潜力；

5.项目的核心产品或服务；

6.与同类产品或服务相比的竞争优势；

7.项目资金的筹措及营销计划；

8.项目的风险及规避措施；

9.项目团队的组建。

（二）项目构思的方法

项目构思是一种创造性的活动，无固定的模式或现成的方法可循，需要具体情况具体分析，但仍有一些常用的分析构思方法可以借鉴、参考。

1.混合法。是把两个或两个以上现有项目相加形成新项目，填补现有项目的不足，这是项目构思最简单的方法。

2.比较分析法。对自己熟悉的两个或多个项目进行纵向和横向分析，挖掘和发现新的发现，要求掌握大量有价值的信息。

3.集体创造法。一个成功的项目构思所涉及的问题和因素很多，需要广阔的知识面、大量的商业信息以及多方向、多层次的思维。因此，发挥集体的力量，依靠群众力量和群众智慧进行项目构思是十分重要的。

集体创造有如下几种方法：

（1）头脑风暴法。又称脑力刺激法或智力激励法。创造过程的中心是发现设想，提出新构思。开展这种集体创造时，需要召集团队所有成员共同讨论。

（2）多学科法。根据所构思项目的性质和特征，选择有关行业的专家参加。对于那些技术性强、投资内容较多的大中型综合项目，在项目构思阶段，一定要组织多学科专家共同研究讨论，这样才能做到取长补短，尽善尽美。

（3）集体问卷法。给每位参加集体构思创造的人一份与项目构思相关的主要问题的问卷，要求他们每个人在一定的时间内将问题的解决方法，以及对项目投资的某些设想、看法，记录在问卷上。然后将问卷收回，将内容汇集整理，并加以总结，再提交集体讨论会，做进一步讨论、研究、比较和筛选，最后形成一致的方案。

4.创新法。项目的构思除了以上几种传统的方法之外，结合"互联网+"时代的特点，还要运用如下几种新方法。

（1）信息整合法。将通过各种途径获取的信息整理后，把不同性质的信息进行相互交合生成创新构思。

（2）数据统计法。数据统计是互联网传媒行业或其他操作流程的数据统计的统称。历史资料、科学实验、检验、统计等所获得的和用于科学研究、技术设计、查证、决策等的数值加以统计为解决方案做前期准备。

（3）数据分析法。数据分析是指用适当的统计分析方法对收集来的大量数据进行分析，提取有用信息和形成结论而对数据加以详细研究和概括总结的过程。这一过程也是质量管理体系的支持过程。在实践应用中，数据分析可帮助人们做出判断，以便采取适当行动。

（4）逆向创新法。人们一般采用的是顺向思维方式，而这种新思维法是反其道而行之，故有其独特性，且能获得独特的效果。

（三）"互联网+"大赛的优秀项目的主要来源

1.科创融合。科创融合就是指将科技项目的成果转化成创业项目。科技创新已经成为推动社会变革的重要力量，同时使我们的生活更有包容性，更加的便捷。越来越多的院校将老师的科研成果转化为大学生的创业项目，由师生共创，形成大学生高质量创新创业项目的主要来源，不仅将教学、科研与大学生创新创业高度融合，在促进大学生创新创业的同时进行了科研成果的产业化，创造出更大的价值。例如西北工业大学的"微小卫星"项目、福州大学的"北斗"技术民用项目、华中科技大学的"慧淬"铁轨延寿项目等都是科创融合的项目。

2. 专创融合。是将专业教育与创新创业教育深度融合的一种体现，将创办企业方案和创新产品、工艺、流程等设计引入课程设计、毕业设计和社会实践等环节，利用专业优势培育好的创业项目。将高校的一流学科与创新创业结合，紧密结合专业特色和学科特色，促进学校特色打造，促进学校特色专业和学科的建设。例如西北农业大学的"侍酒师"项目、四川大学的"云病理共享平台"项目、北京航天航空大学的"航空航天与智能装备制造"项目都属于专创融合的项目。

3. 产创融合。学校与当地产业或经济紧密结合，快速地获得产业需求信息，实现资源对接。通过校企合作、工学结合，坚持以服务为宗旨，以就业为导向，促进教育链、人才链与产业链、创新链有机衔接，利用校企双方优势充分挖掘新项目，带动当地产业快速发展。通过大学生创新创业项目帮助当地企业转型升级，帮助当地产业和企业实现"互联网＋"。例如山东商业职业技术学院的"无水保活"项目、沈阳农业大学的"大果榛子"项目、内蒙古农业大学的"犇牛"项目等都属于产创融合的项目。

4. 自发创造。来自学生的自发创意，自主创新和商机发现。选取行业内热点技术或者采用新兴模式，主观地制造出客观上能被人普遍接受的事物，想出新方法、建立新理论、做出新的成绩或东西都是创造的结果。例如华中科技大学的"粉丝网"项目和上海交通大学的"59store"项目、北京邮电大学的"学生圈新媒体"等项目，都是充分体现学生特色和学生生活环境直接相关的项目。

5. 社会实践。依托社会实践活动进行深度思考，将实践活动中的体会和感悟转化成可发展的项目。在大学读书期间，社会实践是在校学生与社会发生联系很重要的一种途径，大学生将实践活动中的所思所想通过积极的思维转变转化成自己的创业项目，从更全面的角度思考和深化自己的项目，让自己的项目持续运转下去。近几年的红旅赛道项目和一些公益活动项目都来自于社会实践。

6. 家族传承。基于家族产业与产权传承的大学生创新创业项目，对于家族企业缺乏战略构想、专业化管理规模等致使企业发展缓慢等情况，进行改进和创新，实现产业与"互联网"对接，实现升级跨越发展。第二届"互联网+"大赛中，桂林电子科技大学"减速机"等项目就是很好的代表性案例。

（四）参赛项目构思需要关注的要素

1. 想法。就是项目想要解决的问题，即解决"why"和"what"，想清楚为什么和做什么。要了解市场形势和需求痛点，也要分析竞争格局即自己有什么优势。找到自己在大市场的小切点，明确自己在小切点的定位，要反复权衡自己的产品在品质升级、效率提升和可规模化这三个核心上备选的小切点是否都可以满足。

2. 产品或服务。就是要如何解决问题，解决痛点，即解决"how"的问题。如何去关注用户的体验，如何让你的产品或者服务满足客户需求，如何体现项目的核心价值，体现技术创新或者模式创新，说明创业初期团队是否把精力都聚焦在打造用户喜爱的产品，聚焦在产品的核心功能和用户体验上。同时要分析项目的壁垒，项目的盈利模式以及如何进行市场推广和销售。

3. 团队。就是说明由谁来解决问题，谁来做，即解决"who"的问题。要详细说明核心团队的组建，每个核心成员的优势，说明为什么只有这个团队能做成这件事情，同时说明团队股份的设置。

4. 执行。说明做的如何，详细介绍启动资金需求、使用计划、资金来源以及运营资金融资要求，介绍目前执行现状以及未来经营计划，介绍产品的迭代发展和生产周期一致的市场产品拓展计划，团队扩充计划以及业绩规划。

一个成功的项目必然是由好的想法、创新的产品、优秀的团队和强有力的执行组成。执行是四个要素中最为重要的一个要素，是衡量一个项目能否真正落地的标准。

二、好项目的成长路径

（一）好项目的特征

好项目能创造性地解决问题，能使生活变得更加美好，能够创造新的价值和无限的未来。好的项目必然是富有生命力的创意，有核心竞争力的创新技术，有在行动中不断反思的迭代产品，所以说好项目是迭代出来的。

好的创意可以来自生活，来自身边的现实需求，也可以来自科研转化和技术发展趋势，当然离不开热门发展领域，总之它是有价值的问题探索。将好的创意浸入产品和服务中，不仅能够满足客户需求，同时具有商业可行性，还要有门槛和壁垒不容易被模仿，最好能体现区域的特色，这样的创新产品由一个稳定的、具有互补性、进取性的团队来创造，可想而知它的生命力是顽强的。

（二）好项目的打磨过程

1. 项目打磨的理念

创业过程是商机、资源和团队匹配和平衡的结果。通过项目打磨，反复修改创业计划书，针对计划书的内容逐一分析，对项目特色、项目内容、市场前景、市场分析、产品服务、营销策略、财务预测、财务风险、创业团队、计划书格式等方面进行修改。通过不断修改和打磨，凸显项目的特色和创新点，让计划书更具操作性和可行性。也能帮助大学生通过大赛历练自己，不懈努力实现自己的梦想和人生价值。

2. 项目打磨的路径

问题需求（痛点）——解决方案（技术、产品或服务）——市场定位（目标客户、竞争）——商业模式（盈利、成长、壁垒）——营销策略（低成本，高效率）——关键资源（技术、客户）——核心团队（股权结构）——资金计划（股权、债券）。

3. 商业计划书的打磨

商业计划书（英文为 Business Plan，简称 BP）是目前投融资市场上最主流的、一个关于商业构想和计划的描述性文件，商业计划书能够帮助投资人进行"预了解、预沟通"的文件，成为最佳的商业信息呈现的载体。所以我们可以把商业计划书理解为一种呈现创业者创业想法和关于企业商业规划信息的文件。投资人通过商业计划书了解到足够的信息，这个时候他可以做出决策：给个理由放弃这个项目或者继续和创业者深入沟通。

商业计划书是创业者对商业思路的集中体现，它体现了创业者思考问题的逻辑思路，商业计划书中需要展现的"需求信息、团队信息、市场及行业信息、数据信息、未来规划、融资信息等"对于创业者来说，往往能起到很好的指引作用。

创业计划书的结构和逻辑体现：

项目简介——产品与服务说明（做什么）——市场分析（为什么做）——商业模式（怎么做）——创业团队（为什么我们做）——产品与风险分析（为什么能做好）——战略规划（我们的目标）——进展与需求（如何做得更好）。

一份成功的创业计划书一定要结构完整，逻辑严密，这样才具有说服力，才能够打动投资者。

4. 项目路演的打磨

路演一词源于国外的"Roadshow"，是国际上广泛采用的证券发行推广方式。路演作为一种促进投融资的重要活动，有利于加强投资者对于项目的全方位了解。随着互联网技术的发展，路演呈现的方式越来越多元化，越来越多地运用多媒体技术向投资人呈现项目的具体信息，不管是从效率还是从效果来说，相比于传统的纯文字演讲式的演讲，是一个巨大的进步。项目路演首先要准备好路演PPT，其次一定选好路演人。

投资者最想从项目路演中获得的信息包括：

一是看项目市场容量大不大，也就是俗语说的天花板高不高，有没有发展空间。

二是产品或者服务是否解决了痛点，需求痛点是否真的存在。

三是解决方案是不是真的解决了问题，隔靴搔痒不是真的解决办法。

四是创始人有没有成功人士的特质。例如具有不达目的誓不罢休的韧劲，能够百折不挠地坚持；是否体现出对成功的渴望，对未来的信心；是否具有抓住机遇的能力，是否具有大格局等。

路演人应该具备的特质：沉着、冷静、对项目有深刻的认识、有一定的文化修养和专业水平、思维敏捷、口齿伶俐、灵活机智。

第四节　"互联网+"大学生创新创业大赛资料准备

一、大赛赛程安排

大赛采用校级初赛、省级复赛、全国总决赛三级赛制。校级初赛由各院校负责组织，省级复赛由各地负责组织，全国总决赛由各地按照大赛组委会确定的配额择优遴选推荐项目。大赛组委会将综合考虑各地报名团队数、参赛院校数和创新创业教育工作情况等因素分配全国总决赛名额。

（一）参赛报名阶段

参赛团队通过登录"全国大学生创业服务网"或微信公众号（名称为"全国大学生创业服务网"或"中国'互联网+'大学生创新创业大赛"）任一方式进行报名。

（二）初赛复赛阶段

各地各院校登录大赛网站进行报名信息的查看和管理。省级管理用户使用大赛组委会统一分配的账号进行登录，校级账号由各省级管理用户进行管理。初赛复赛的比赛环节、评审方式等由各院校、各地自行决定。

（三）全国总决赛阶段

大赛专家委员会对入围全国总决赛的项目进行网上评审，择优选拔项目进行现场比赛，决出金、银、铜奖。

大赛组委会将通过"全国大学生创业服务网"为参赛团队提供项目展示、创业指导、投资对接等服务。各项目团队可以登录"全国大学生创业服务网"查看相关信息。

各项目团队上网报名需提交电子版商业计划书、一分钟视频以及答辩PPT，要有充足的时间去准备这些资料，才可以保证自己项目脱颖而出。

二、创业计划书的准备

（一）创业计划书的定义

创业计划书是创业者叩响投资者大门的"敲门砖"，是一份全方位的商业计划，是与潜在的投资人与合伙人彼此之间达成良性沟通的纽带和工具。其主要用途是递交给投资人，以便于他们能对企业或项目做出评判，从而使企业获得融资。它是用以描述与拟创办企业相关的内外部环境条件和要素特点，为业务的发展提供指示图和衡量业务进展情况的标准。创业计划书通常是结合市场营销、财务、生产、人力资源等职能计划的综合。一份优秀的创业计划书往往会使创业者达到事半功倍的效果。

（二）创业计划书的结构

创业计划书要求格式规范、内容完整、逻辑合理、必须面面俱到、能够体现出参赛价值。一般包括以下几个部分：

1.项目概况

描述所要进入的是什么行业，卖什么产品（或服务），哪些是你的主要客户。所属产业的生命周期是处于萌芽、成长、成熟还是衰退阶段。还有，企业要用独资还是合伙或公司的形态，打算何时开业，营业时间有多长等。一般包括项目简介、市场分析及定位、产品介绍、商业模式、营销策略、财务分析。项目概况是对项目的总的介绍，字数不要太多，也不要太啰唆。

2.公司简介

对公司进行简单的介绍，包括公司 logo 的设计、公司的经营理念、公司的现状以及未来发展规划的介绍。

3.产品或服务

需要描述产品和服务到底是什么，有什么特色，产品或服务跟竞争者有什么差异，具体内容包括产品或服务的介绍（产品的用途、功能、行业领域、市场定位、客户价值）、产品或服务的特色优势（产品的先进性、新颖性、独特性、竞争优势）、技术研发水平（项目研究内容，已有的技术成果，项目实施的技术方案、项目的关键技术、创新点）、知识产权问题等。

4.产业化程度（已注册企业填写）

如果是已注册公司，就要说明目前产业化进展程度或者是对阶段性成果进行描述，同事说明已具备的产业化条件和未来的产业化进程。

5.市场营销

介绍企业所针对的市场，营销策略、竞争环境、竞争的优势与不足、主要对产品的销售金额、增长率、盈利方式、市场预测和产品或服务所拥有的核心技术、拟投资的核心产品的总需求进行介绍。

（1）对于目标市场应该解决以下问题：你的细分市场是什么？你的目标客户群是什么？你拥有多大的市场？

（2）对于竞争分析要解决的问题是：你的主要竞争对手是谁？你的竞争对手的市场份额是多少？可能出现什么样的新发展？你的策略是什么？在竞争中你的发展、市场和地理位置优势是什么？你能否承受竞争带来的压力？产品的价格、性能、质量在竞争中的优势是什么？

（3）市场营销要解决的问题是：营销机构和营销队伍怎样？营销渠道的选择和营销网络的建设、广告策略、促销策略、价格策略、市场渗透与开拓计划、市场营销中意外情况的应急对策。

6. 创业团队

全面介绍公司管理团队情况，包括公司的管理机构，主要股东、董事、关键的雇员、薪金、奖惩制度、各部门的构成等情况都要展示出来。同时展示管理团队的战斗力和独特性以及与众不同的凝聚力和团结战斗精神。

7. 财务预测

财务分析包括三方面的内容：

（1）历史数据包括企业过去的历史数据，今后三年的发展预测、提供过去的现金流量表、年度的财务报告。

（2）投资计划：预计的风险投资数额，风险企业未来的筹资资本结构如何安排，获取风险投资的抵押、担保条件，投资收益和再投资的安排，风险投资者投资后双方股权的比例安排，投资资金的收支安排及财务报告，投资和介入公司经营管理的程度。

（3）融资需求：创业所需要的资金额，团队出资情况，资金需求计划，为实现公司发展计划所需要的资金额，资金需求的时间性，资金用途，融资方案。

8.风险控制

说明项目实施可能出现的风险及拟采取的控制措施。

三、项目计划书 PPT 的撰写

项目计划书 PPT 是在项目路演时向投资人和观众展示的对项目介绍的演示文档。

（一）PPT 制作的注意事项

1.要简短，篇幅不要太长，一般 15 页左右为宜。

2.注意逻辑性：项目的介绍是一个令人信服且具有逻辑性的故事。

3.要用数据和事实来说明，所有的数据都应该是真实可靠的。

4.PPT 不要全是文字，应该用图片、数据等形式来说明问题。

5.要运用论证的方法，例如对比论证、举例论证来论证产品的受欢迎度以及公司的财务情况。

6.内容要完整。论点、论据、论证任何一部分都不能少，论点要明确，论据要合理，论证要充分，说明能够并且已经做出了具有核心竞争力的产品或者服务。

（二）PPT 的结构

1.封面

封面的内容包括项目名称以及一句话对项目的介绍，还有参赛的类别、省份、高校以及联系信息。重点在于用一句话阐述项目要素，用简洁、新颖、引人入胜的语言准确描述自己的项目的特点，使用户容易记住和理解，最好能朗朗上口给观众留下深刻印象，例如"蚊所未吻"——青蒿驱蚊产品（第三届中国"互联网＋"大学生创新创业大赛金奖项目，江西科技师范大学），"小莓好"——开拓科技兴农新时代（第五届中国"互联网+"大学生创新创业大赛金奖项目，江苏农林职业技术学院）。

2. 市场

即项目解决什么问题，是论证项目价值的过程，主要介绍需求痛点、市场容量、产品价值或者时机。注意描述痛点一定要用真实的数据，能把痛点清晰地描述出来，可以采用举例、引用的方法，让观众感同身受。

3. 产品和逻辑

即项目是如何解决上述痛点的，需要细致阐述产品和服务，产品功能、流程框架、产品成熟度或者是商业模式、关键业务策略。可以用比喻的论证方法，还可以用类比的方法介绍自己的产品和服务的优势。

4. 优势和竞品分析

即说明项目怎样更好地解决问题，介绍项目的核心竞争力、壁垒和创新点，对竞品进行分析和优势论证，可以用事实论证、举例论证、对比论证和引用论证的方法，让听众充分相信你的产品是独一无二的。注意论点要明确，数据对比也必不可少，最好用量化的数据围绕关键指标与竞争对手进行对比，然后归纳演绎、总结提炼。

5. 商业模式

说明项目怎么挣钱，是论证项目商业模式可行的过程。主要包括精准用户的分析、供应渠道的构建、核心资源的整合以及关键业务的设计和合作伙伴的选择等。最重要的是对于精准用户的定位和供应渠道的梳理，确保产品与服务通过合适与有效的渠道给到最需要的那些人手里。可以运用事实论证、举例论证的方法，要做好市场调研和客户细分，确定好目标客户。

6. 现状

说明项目做得怎么样了，是阐述市场给出的检验答案。包括业务进展、用户数据、销售数据、财务报表、市场占有率等，要对产品现状、研发、销售、上下游合作等做出分析。可以用事实论证、对比论证的方法，举例、引用论证产品确实受用户欢迎，可以展示用户数据和财务情况加以说明。

7. 团队介绍

说明项目谁在做，论证项目团队竞争力。包括团队组成、能力分工、岗位匹配度、核心竞争力，还有外部专家、专业投资人的聘请。介绍每个人的个人经历一定要与项目运营密切相关，说明这个人非常适合这个岗位。

8. 财务预测、融资计划

说明项目的近期规划，阐述3—5年的发展规划，详细说明如何进行财务预测、融资计划、产品升级、客户拓展等。规划必然是根据之前的实际销售额、单品增长率、市场增长情况综合考虑和测算未来的3—5年的销售收入。可以运用理论论据、对比论证、举例论证的方法，说明产品具有良好的发展前景。

9. 愿景

最后结尾部分说明项目的愿景是什么，即阐述项目的理念和情怀。结尾要有力，一方面可以强化项目在评委脑海中的印象；另一方面还可以时刻提醒团队对自己的项目有明细的规划，和开篇做好前后呼应，有助于加深听众的印象，用情怀打动人，产生"余音绕梁"之效果。

四、路演的技巧

"互联网+"大赛中，路演答辩是最后的临门一脚，路演是展现个人魅力最直观的方式，是要在有限的时间内最快获得评审的认可。

（一）路演答辩的基础规则

1. 时间规则：路演时间分配一般是"5+3"分钟，即5分钟项目PPT展示，3分钟答辩，参赛选手一定充分把握和利用时间，在规定时间内展示出项目的特色，并能灵活应对评委的提问。

2.角色规则：项目路演分享人负责分享项目，要注意表达清晰流畅，条理清楚，言简意赅，重点突出，表达要有逻辑性。答辩人要注重礼貌和尊重，回答问题要抓住重点，简明扼要。

3.站位规则：要面对评委，避开PPT，如果可以，选择最中央位置。

4.设备调试规则：路演PPT要准备多个版本，确保与赛场设备的匹配；熟练使用翻页笔，了解各按键功能；话筒要提前调试好，掌握姿势，正确使用。

5.服装规则：路演是展现个人魅力最直观的方式，得体的着装是对自己和投资人最基本的尊重，并直接关系到整个路演过程的气氛。路演人需着正装，或与项目特征相符的休闲商务装扮，简单大方得体，凸显个人魅力和气质。

（二）路演稿的注意事项

1.路演稿准备流程

明晰路演时间：路演时间一般为5分钟，答辩时间为3分钟。

撰写路演大纲：开场——主要内容（一般与PPT内容一致）——结尾。

分配模块时间：根据项目情况，分配各模块讲解时间。

撰写路演词：要与PPT呼应，体现项目亮点。

反复试讲，调试路演稿：按照语速180—220字/分钟来练习，反复调试路演稿，达到理想状态。

2. 路演稿的基础内容

路演稿的基础内容包括客户痛点（你发现目前市场存在的空白点或者什么问题）、产品服务（你有什么解决方案或者什么产品解决痛点问题）和盈利模式（说明你如何赚钱，如果不知道怎么赚钱。起码让评委知道你的项目有价值）。这些内容也是路演稿的核心内容，要组织好语言，控制好时间，讲解清楚。

3.路演稿的加分内容

路演稿的加分内容包括产品的技术壁垒、竞争优势和运营现状,说明为什么这个事情你能做而别人做不了,或者都能做,为什么评委要投资给你;还要说明你要怎么赚钱,如果不知道怎么赚钱,至少让评委指导你的项目有价值。这些是评委最感兴趣的部分,一定要讲解清楚。

4.路演稿的减分内容

路演稿的内容一定要精心打造,要明白有些内容并不会给路演稿增加亮点,反而会造成负面影响。路演稿的减分内容有:与产品做过多的比较、暴露出项目的劣势以及盲目预估市场等。这些内容要尽量避免。

5.路演稿的节奏把控

开场——放出去:要注意清晰明确,用一句话概括项目的特点,给观众留下深刻印象。

过渡——顺下来:无须过渡,自然进行,例如"第二个模块是……"。

结尾——收回来:结束演讲,过渡到答辩环节。

重点——把控全场:亮点突出,一招致胜,要加重语气,提醒关注。

6.路演稿的记忆要领(5W)

Who——你是谁?你和你的团队做了什么?

Why——你发现的市场痛点是什么?

Which——你的目标客户是谁?有什么差异化和优势?

What——融资计划是什么?怎么拿钱?

Where——计划做多大?现状和未来如何?

（三）路演的答辩要点

1.要讲好故事

好的故事容易引起观众的共鸣,讲好故事就成功了一半,也能很好地带入产品。可以讲客户的故事、团队的故事、创业的初心、创业的磨难、未来的梦想等。故事要有逻辑性，要能引起观众的兴趣，不能虚构，还要和产品相呼应。

2. 语言要通俗易懂

避免过多使用专业性词汇或者技术性语言，要巧妙地使用生活的例子与项目结合起来，能让评委快速了解项目，还能留下深刻印象。

3. 要注意运用数据

用事实和数据远比用累赘的语言表达更具说服力，所以尽量引用数据来进行说明。

4. 要有愿景的展示

谈项目的未来梦想、社会价值和格局，看得见未来，说明项目的生命力。

5. 要清楚路演的目的和对象

不同的投资者有不同的关注点，比如财务投资者关心财务和盈利，产业资本关心技术和研发能力。

（四）答辩的常见问题

用一句话概括你的项目。一句话要领：我在一个什么样的行业里，帮助一群什么样的客户解决了他们的一些相关问题，通过解决这些问题，他们付给我什么样的报酬，这个项目是长期有效的。

项目的核心优势是什么？你将如何保持且不易被复制？

项目的目标客户如何精准定位？

项目的盈利模式是什么？

项目的竞争对手是谁？其市场策略是什么样的？

项目可能会遇到哪些风险？如何回避这些风险？

项目是否有迭代产品？

（五）答辩的注意事项

对于有准备的问题要简单精练、干脆利落地回答；对于没有准备但会回答的问题要快速整理，有逻辑地回答；对于没有准备不会回答的问题要放平心态，虚心请教，切不可不懂装懂。

第六章　高校创业导师培养和发展方案

　　《教育部关于做好 2015 年全国高校毕业生就业创业工作的通知》中要求高校聘请成功企业家、企业家、投资者、专家学者作为兼职导师,对创新创业学生进行一对一指导。《国务院办公厅关于深化高等学校创新创业教育改革的实施意见》(国办发〔2015〕36 号)中提道:"配齐配强创新创业教育与创业就业指导专职教师队伍,并建立定期考核、淘汰制度。聘请知名科学家、创业成功者、企业家、风险投资人等各行各业优秀人才,担任专业课、创新创业课授课或指导教师,并制定兼职教师管理规范,形成全国万名优秀创新创业导师人才库。"由此,创业导师资队伍的建设开始在各高校中受到重视。

　　然而,中国高校创业教育起步较晚,创业指导教师队伍不够完善,因此组建良好的师资队伍是高校开展创业教育的前提,而拥有丰富的创业经验和创业素养是选择教师从事创业教育的前提。

　　针对以上现状和实际问题,笔者开展了专题调整研究。本章旨在通过了解我国高校创业导师的职业素养、课堂管理和教学实践,提出创业导师培养和发展方案。在研究过程中,通过互联网进行电子问卷的分发,主要分发给一些大学的创业导师和参加过培训或比赛的人。如内蒙古大学、内蒙古师范大学、内蒙古民族大学、赤峰大学、济宁师范大学、呼伦贝尔大学、云南经济管理大学等全国高校的创业导师,以及河南、湖南、四川和湖北的一些高校。创业导师小组包括中国高校创业教育研究小组、内蒙古高校创新创业教育研讨会小组、内蒙古高校创业培训指导员小组、全国大学生创新创业实践联盟交流小组内蒙古自治区赛区联盟、内蒙古"互联网+"大赛交流小组、237 GCDF 交流小组等。因此，本次调查的对象是来自全国众多高校的创业导师。研究采用描述性研究方法，以问卷为资料来源，采用加权均值和排序、回归分析和方差分析（ANOVA）对调查数据进行统计分析。

以下是问卷内容：

尊敬的创业导师：

您好！

本问卷旨在调查中国高校创业导师的职业素养、课堂管理和教学实践，您所提供的信息对我们的研究极具价值，请您花几分钟的时间帮忙填写。问卷设计的问题没有对错，依据自身情况勾选即可，非常感谢您的参与，祝您工作顺利，生活愉快！

第一部分 基本信息

1. 性别

男 _____

女 _____

2. 年龄

29 及以下 _____

30—39_____

40—49_____

50 及以上 _____

3. 岗位性质

全职 _____

兼职 _____

4. 学历

学士 _____

硕士 _____

博士 _____

5. 职称

讲师及以下 _____

副教授 _____

教授 _____

第二部分　中国创业导师职业素质问卷

本问卷旨在调查中国创业指导教师的职业素质。没有正确或错误的答案，仔细阅读每句话。然后在提供的数字上勾选你的答案：4- 非常同意；3- 同意；2- 不同意；1- 完全不同意。

	2.1 教学科研能力	4	3	2	1
1	我会在学情分析的基础上合理地制定教学目标				
2	我会依据创新创业教育的需求安排教学内容				
3	我能根据教学实际需要编写教材				
4	学生在我的课堂上互动积极性高				
5	我经常在教学后进行教学反思				
6	我能将自己的科研成果应用到教学活动中				
7	我善于开发新的教学方法，勇于进行教学改革				
8	我熟练掌握创业知识并在授课过程中熟练运用				
9	我能很好地将教育学、心理学知识运用到教学中				
10	我具备较强的理论和实践教学能力				
11	我对学生的特性非常了解				

		4	3	2	1
12	我很关注学生学习状态和学习结果，并及时向学生提供表现反馈和改进意见				
13	我运用多种手段激励学生努力奋进，帮助学生克服困难				
14	我经常担任学生的创业导师				
15	我给学生介绍创业经验和创业机会				
16	我指导学生制定并实施个人规划				
17	我经常利用闲暇时间专注于写论文、编写教材、申请科研课题等工作				
18	我的科研主题与教学内容紧密结合				
	2.2　管理能力	4	3	2	1
19	我经常带领团队完成教学或科研任务				
20	我善于培养新人，帮助他们成长				
21	我善于激发团队成员的凝聚力				
22	我善于通过沟通来协调各方资源				
23	学生乐于听从我的教导				
24	我习惯于先制订详细计划再具体实施工作任务				
25	我愿意和团队成员分享我的工作经验和成果				
26	我总是在规定时间前完成任务				
	2.3　发展能力	4	3	2	1
27	我善于发现工作中存在的问题并找到解决问题的办法				
28	我善于总结工作经验、提炼工作特色				
29	我善于制定工作制度和规范				
30	我主动寻找学习和交流培训的机会				
31	我经常关注与创业相关的新闻、学术期刊以及学术会议				
32	我积极收集新知识与新技能的资料并应用于教学和科研实践				
33	我的知识结构和实践水平在不断提升				

34	我具备创新思维，在工作中善于提出新思路、新方法				
35	我经常能想出新颖的方法管理团队 / 教师 / 学生				
2.4 个性态度		4	3	2	1
36	我很喜欢高校教师这个职业				
37	我认为爱岗敬业是教师的基本要求				
38	我认为教好每一位学生是我义不容辞的责任				
39	我在工作中任劳任怨，乐于奉献				
40	我要求自己不断进步和提升				
41	我总是想法设法攻克工作中遇到的困难				
42	我积极投入科研和教学并以此为乐趣				
43	我经常从工作中获得成就感				
44	我认为成为一名优秀教师能很好地体现我的人生价值				

第三部分　中国创业导师课堂管理问卷

本问卷旨在调查中国创业指导教师的课堂管理。没有正确或错误的答案，仔细阅读每句话。然后在提供的数字上勾选你的答案：4- 非常同意；3- 同意；2- 不同意；1- 完全不同意。

3.1 对课堂管理的认知		4	3	2	1
1	我学习过高校课堂管理知识并接受过相关培训				
2	我认为高校课堂教学活动中课堂管理的作用重要				
3	我认为课堂管理中最重要的任务是创造良好的课堂环境，激发学生学习积极性				
4	我在课堂教学活动中经常注重发挥课堂管理的作用				
3.2 自我管理		4	3	2	1
5	我在课堂管理过程中重视情感投入				

6	我在课堂管理过程经常尝试创新				
7	我经常对课堂教学与管理进行反思				
8	我对自己的课堂管理效果非常满意				
	3.3　学生的管理	4	3	2	1
9	学生在课堂上出现不良行为时，我的做法是说服教育				
10	我觉得您在处理课堂违纪事件中表现灵活				
11	我觉得自己在课堂上同学生之间的沟通情况非常和谐				
12	我觉得在课堂上学生之间的关系非常和谐				
	3.4　教学内容管理	4	3	2	1
13	我能根据教学大纲的要求及学生的特点，对教材进行加工处理				
14	我能运用恰当的教学手段和方法，把科学知识传授给学生				
	3.5　课堂环境的管理				
15	我感觉在课堂管理过程中，倾向于民主状态	4	3	2	1
16	我觉得我的课堂氛围积极向上				
	3.6　课堂管理的影响因素				
17	我认为学校的管理制度与课堂管理效果密切相关				
18	我认为课堂文化的建设对课堂管理有促进作用				
19	我觉得课堂人际关系对课堂管理会有影响				
20	我认为影响课堂管理的最大因素是教师素质				

第四部分　中国创业指导员教学实践问卷

本问卷是为创业导师设计的。下面的句子描述了创业导师在教学实践中的一些表现。请根据您的实际情况回答。4- 非常同意；3- 同意；2- 不同意；1- 完全不同意。

4.1 教学实践的认知	4	3	2	1
1	我对创业导师教学实践能力的概念很熟悉				
2	我认为创业导师的教学实践能力很重要				
3	对于提高我的教学实践能力很有兴趣				
4	有机会参加创业实践的各种培训，我感到非常高兴				
4.2 教学实践能力	4	3	2	1
5	我能清楚准确讲解创业的基本知识、基本理论				
6	我能有效地安排教学内容，合理选择利用教材，将创业教育融入教学内容中				
7	我能将知识讲解与提高学生的创业能力紧密结合				
8	我总是鼓励学生，激发学生独立思考和探究的能力				
9	我经常带学生到企业见习、实习				
10	我指导学生参加技能大赛并多次获奖				
11	我常常和同事交流，从中发现自己教学的不足，并改进教学				
12	我经常观看一些优秀实践教学视频，并有意识地模仿				
13	我会根据教学问题开展教学、科研研究，并去企业亲身实践				
4.3 研究能力	4	3	2	1
14	我了解创新创业教育的发展趋势				
15	我曾申报的科研课题大多数跟创新创业教育有关				
16	在我进行科研过程中能很快确定自己课题的研究方法和手段				
17	在开展科研过程中，遇到科研方面的困难能得到解决				
4.4 企业实践能力	4	3	2	1
18	我目前持有劳动和社会保障部颁发的代表创业实践能力的证书				
19	我参加实践能力培训的渠道是企业实践				
20	到目前为止，我到企事业单位工作或挂职锻炼累计时间一年以上				

21	我通过顶岗实习参加企业实践				
	4.5　学校考评	4	3	2	1
22	学校根据相关考评考核制度考评教师企业实践的效果				
23	我所在学校把教师去企业实践作为职称评聘的必备条件				

调查结果显示，高校开设了创业课程，创业导师由校内和校外导师组成，校内导师年龄、学历、职称结构不合理，女性创业导师较少，高学历、高职称创业导师较少；高校缺乏专职创业导师，87% 以上都是兼职导师；高校创业导师具备一定的职业素质和课堂管理能力，但创业教学实践能力都比较薄弱；创业导师同意通过去企业锻炼来提升自己的实践能力。通过进一步研究制订了创业导师的培训发展计划，以帮助创业导师提升他们的专业素养、课堂管理和教学实践能力。

第一节　创业导师的发展现状

一、国外高校创业导师现状

美国是世界上发展创新创业教育最早、最成功的国家，美国高校在招聘创业教育教师时非常严格。除了具备一定的学术背景，创业导师还被要求有与商业管理和经济学相关的学术背景，以及相关的商业管理经验。（陈育芳，2019）

英国是最早开展创业教育、积累经验最丰富、最成熟的国家之一。剑桥大学的创业服务部门是剑桥创业中心和创业学习中心（CFEL）。中心拥有专职工作人员 10 余人、企业家及相关从业人员（风险投资家、商业天使、银行家等专业人士）约 200 余人。牛津大学有一批创业导师，有的来自本校，有的来自社会创业或行业。（何岑、孙曼丽，2019）

德国高校和科研机构鼓励科研人员带着研究成果去创办公司并给予实质性扶持。部分工程类高校直接将教育导向定位为创业型大学，如慕尼黑工业大学等。德国形成了三大企业孵化模块——加速器、企业工场和孵化器；强调将关联性创新主体（高校、研究所包括初创企业在内的中小企业、大企业和孵化器等）集聚起来，培育有竞争力的行业上下游链条以及建立可持续的生态体系。（田玲、郭炼，2015）

韩国各高校建立了由朋辈导师、本校教授、国际学者和企业家教练组成的多元化师资队伍。韩国高校经常邀请创业校友返校为学生开展演讲，以实际经历来激发学生们的思考；创业理论课程的讲授则由本校教授承担，同时要求授课教师必须先到企业进行调查、学习和研究，制定相应的学习计划和教学方法。要特别强调的是在韩国高校承担创业教育理论课的教师中，78%的教师有企业工作经验，50%以上的老师有3年以上在企业或研究部门工作的经验。（武鹏，2020）

此外，由于韩国高校长期以来形成的访问机制，韩国高校可以大量聘请欧美国家的创业教育专家进入课堂讲授创业教育课程，这为国际化、高质量创业教育师资提供了保障。国外学者加上本国具有实战经验的师资，使得创业教育能够在创业理论的基础上进行创业实践，同时也能使学生了解不同国家的创业前沿，大大开拓了眼界和格局。（朱春楠，2012）

日本高校不断调整办学理念，创业教育课程类型渐趋多样，结合学校实际开设创业课程，并聘请具有优秀创业经验者担任教师，构建起"理念—课程—教学"的完整体系。（李志永，2009）

二、国内高校创业导师现状

创业导师是从事创业指导、企业管理咨询服务和职业培训的人才。中国正处于创新创业的活跃时期。近年来，中国企业家的数量呈现出不断增长的趋势。目前，全国各地对创业顾问的需求很大，专业的创业导师成为社会上炙手可热的人才。创业导师通过各种思路引导，多种正规渠道来帮助创业者实现创业和就业，为青年配备创业导师，由创业导师陪伴其创业，提高创业的信心和成功率，激励和帮助更多创业者实现自主创业。

近年来，我国经济总体持续向好，竞争越来越激烈，对人才的要求也越来越高。高校是为社会培养人才的地方。在竞争如此激烈的今天，教育部门对高校的就业创业指导提出了更高的要求。教师是教育的核心，是提高学生就业创业能力的重要源泉。建立一支优秀的高校创业就业导师资队伍迫在眉睫。（张丹，2019）

钟颖以大学生创业指导学院建设为研究对象，探讨了创新创业背景下如何建设满足大学生创业需求的创业指导学院，并从理论探讨、现状调查、以案例分析和对策研究为基本思路，从主体教育理论、人力资本理论、管理激励理论证明的必要理论基础上提出建设高质量的创业指导教师团队，建议从教师队伍的整体规划、教师队伍的系统化和教师队伍的资源利用三个方面加强教师队伍建设。（钟颖，2018）

随着高校创业教育的广泛开展，大学生的创业意识逐渐被激发，创业热情日益高涨，高校对创业指导的需求急剧增加。然而，我国目前仍缺乏权威的创业教练培训体系，导致学生创业指导不足，在一定程度上影响了学生创业成功的可能性。基于经典的创业导师培养模式和在大学生创业过程中发现的常见问题，为了促进和帮助中国大学生的创业活动，高校应建构适合中国国情的创业导师的培养模式。（王艳茹，2013）

随着我国创新创业教育改革的深入，应用型人才的培养已成为高校的重要任务。在创新创业教育改革的背景下，为了提高就业创业指导教师的教学能力，完善就业创业指导教师体系建设，学者王春梅从国家、学校和教师的角度积极探索建设就业创业指导教师的有效路径。（王春梅，2017）

在国家高度重视创业人才培养的背景下，高校创业指导教师的专业化建设具有深远的意义。目前，地方高校创业指导教师存在数量少、专业性弱、积极性低等现实问题。针对这一现状，学者赵慧琴试图从建立专兼职教师队伍和构建有效的考核机制的角度来探讨和解决这一问题。（赵慧琴，2017）

　　加强高校就业创业教师队伍建设，对促进毕业生高质量就业具有积极的战略意义。学者李青、严守宝、施翠娥分析了某师范院校教师就业创业现状，从绩效考核、薪酬激励、培训计划等方面设计了教师队伍建设的管理方案。并提出了就业创业教师队伍建设的合理化建议和对策。（李青、严守宝、师翠娥，2020）

　　综上所述，中国高校创业导师大多是兼职工作人员，他们经过一定的创业培训上岗，很少有人有企业工作经验，更没有创业实践经历，他们虽然具备教师的一般素养，但缺乏创业导师的职业素养。大多数高校开设了创业指导课，但基本只限于理论的讲授。创业指导课的课堂教学与一般课堂的教学是有区别的，不仅要有理论的讲授，更要注重对学生创业意愿和创业实践能力的培养，所以创业指导课的课堂应该体现灵活性、趣味性和多样性，对创业导师的课堂管理能力有较高的要求。目前，高校创业导师的课堂管理能力和实践教学能力普遍较差，导致创业教育的预期效果无法达到。高校很少聘请校外创业导师，有的仅仅是挂名，或者只是在学校搞比赛时请来做临时辅导，没有真正对所有学生起到指导作用。因此，通过提高创业导师的专业素质、课堂管理和教学实践的综合素质来促进我国高校创业教育的发展。

　　为了更好地了解我国创业导师现状，选取 300 位创业导师进行问卷调查，受访者为来自我国不同高校的创业导师。据统计，在受访者当中，男性较多，占总人数的 65%，女性只占 35%，说明女性创业导师比较少。专职创业导师只有 39 人，兼职创业导师 261 人，说明目前高校普遍缺乏专职创业导师。调查数据显示目前我国高校创业导师队伍比较年轻，在 300 位创业导师当中，40 岁以下的创业导师有 177 人；40—50 岁之间的创业导师有 95 人，占总人数的 31.7%；50 岁以上的创业导师 28 人，占总人数的 9.3%。这就反映出创业导师队伍年龄构成不太合理，缺乏经验比较成熟的导师。受访者当中高学历人数比例不高，硕士占 47.7%，博士只占 13.3%；教授人数也不多，只占 6.7%，副教授占 27.3%。这些数据体现出我国高校创业导师队伍中高学历高职称的导师数量较少。目前很多高校的创业导师都是辅导员或者从事学生工作的老师，这部分教师的学历和职称都不够高。

通过访谈进一步了解到，目前我国高校创业导师的主要来源为校内各学院负责学生工作的教师以及辅导员，还有一部分是就业指导中心人员，辅导员都比较年轻，大多数没有创业方面的经验，负责学生工作的教师也是几年一换，由于校内专业教师的工作比较稳定，而且考虑到未来专业技术职称的评定，许多专业教师并不愿意从事创新创业教育工作，而有的老师也是干一段时间就转入专业教育当中，导致高校创业导师流动性较大，专职创业导师更是缺乏。

由此可见，目前的高校创业导师师资队伍很难满足目前创新创业教育的要求，所以建立高素质、专兼职结合的创业导师师资队伍是创新创业教育发展的关键。

在高校教育教学改革的进程中，应充分考虑女教师权益的维护和事业发展；充分发挥女教师在教育事业和行政参与中的优势，改革和完善高校管理体制，为女教师提供平等的竞争机会、学习机会和发展机会。同时，女教师必须提高自己对于职业角色的认同，从而在科研领域付出与男教师相当甚至更多的时间和精力，充分挖掘自身的潜力，在学术竞争激烈的高校中占据自己一席之地，为自己获得更好的职业发展做充足的准备。

有关研究说明，创业导师在 41—45 岁这个年龄阶段的能力素质水平数据普遍要高于其他年龄阶段，说明这个年龄阶段是教师个人能力素质快速发展时期。（俞亚平，2020）

在与高校创业指导中心管理人员访谈中发现，当前高校创业导师资队伍数量普遍较少，并且以校内教师为主，校外师资力量缺乏。校内导师基本是由各个学院的教师组成，他们并不是专职教师，他们的工作重心大多在自己本职工作上，不愿意在创业指导中耗费太多精力。教师更不愿意在企业中挂职锻炼，因为去了企业之后其职称的评定、薪酬的计算以及个人组织关系等问题都让教师有所顾虑。对于校外师资力量来说，因其工作性质及各方面的因素的影响，他们不愿意加入高校创业导师资队伍中，这就导致了当前无论是来自校内还是校外，创业导师资力量都不充足，难以满足学生对教师多样化的需求。除此之外，部分高校创业指导中心对师资队伍的管理如人员结构、数量等没有详细的规划，使得创新创业导师资队伍的建设不够全面，校内外创业导师资力量不够。（钟颖，2018）

创新创业导师要在学生创业过程中帮助学生选择创业项目、科学识别创业机会，顺利实现创业梦想。创业指导教师不仅可以是具有职业资格的校内教师，也可以是包括创业成功企业家在内的社会人士。目前高校对于创业指导这方面给予的激励较少，邀请成功的企业家难度很大，校外导师比较缺乏。然而创业成功人士可以弥补高校教师创业实践经验不足的缺陷，同学们也更愿意与有创业实践经验的教师或成功的企业家进行交流，所以在师资队伍建设中高校应给予足够的资金及政策支持，邀请创业成功人士为学生指导，同时加强对校内导师的培训，提升校内导师的创业实践能力，以更好地满足学生对指导教师创业实践经验的需求。

创业导师的培训发展计划应从提高创业导师的职业素养、课堂管理和教学实践能力三个方面进行。

第二节　创业导师的职业素养

职业素质是指职业的内在规范和要求，是在工作过程中表现出来的综合素质，创业指导教师肩负着指导学生树立正确的创业观、培养学生的创新意识和创造能力等重任。职业信念、文化素养、职业技能、职业行为是创业指导教师必须具备的职业素质。

职业信念是职业素养的核心。良好的职业素质包括良好的职业道德、积极的职业态度和正确的职业价值意识。

文化素养是创业指导教师的核心因素，创业指导教师来自不同学科，都有其擅长和不擅长的领域。当学生要咨询相关创业项目时，创业指导教师应从多方面为其分析解答，这就要求创业指导教师应坚持"终身学习"理念，对自身查漏补缺，充实自身知识库。

职业技能是做好工作所需要的专业知识和能力。创业教练应熟悉与创业活动有关的知识和技能。拥有创业实践经历的指导教师能够感同身受地为学生指导，对于学生来说更有说服力。

创业教练的职业行为习惯包括良好的意志品质、稳定的情绪、良好的性格特征、言行一致、外表一致、尊重并严格要求学生、公平对待学生等。

教师专业素质包括专业能力、专业理念、专业情感和职业道德四个独立维度。一般能力、专业知识和教师职业技能构成了支持教师专业素养发展的三个方面。这三个方面各有侧重，共同促进了教师职业素养的提升。（王霓虹、李福华，2023）

高校教师职业道德的结构模型包括外部结构模型与内部结构模型。高校教师职业道德的外部结构模型中，职业道德是高校教师职业素质的核心要素，比知识、能力等显性要素以及个性、自我形象、态度、价值观、动机等隐性要素均更为重要。（曹建巍、丁敏、赵文进，2023）

未来的教育需要教师承担多样化、专业化的角色，以满足基本的教学要求，更重要的是，在未来的教育改革中，教师应具备更高水平的专业素质。具体包括研究素养、创新素养、跨学科素养和信息素养。（王振北、王北生、张庆宇，2021）

教师的职业素质是教师从事教学活动和履行教学教育职责时必须遵守的行为准则和道德标准的总和。教师的专业素质体现了教师的专业理念、专业态度、专业技能、专业纪律和风格。在新时代背景下，高校教师的教育教学工作面临着更多的新形势，有必要探索和研究提高教师专业素质的新途径。（赵思、梁志平、王一曼，2020）

创业是无数人心中的一个美丽而荆棘丛生的梦想。72%的大学毕业生想要自主创业。然而，中国的创业成功率平均只有5%左右，创业者在创业初期往往面临经验不足、业务资源匮乏、团队管理经验欠缺等诸多问题。阿基米德曾经说过："给我一个支点，我能撬动地球。"创业教练无疑是伟大的工

程师，他们为梦想创业的人提供了新的成功支点。（李黄珍，2006）

创新创业教育的基本目标是培养学生的创业素质，提高学生创新能力，故而创新创业教育对教师的知识、能力和素质等有着不同于普通高校教师的更高的要求。根据创新创业导师专业标准的定义及创新创业导师专业身份的认同，可以将创新创业导师应该具备的专业素养划分为教育理念、职业素养、知识结构和能力素质四个方面。（汤健，2017）

创新创业导师能力素质提升是各创业孵化服务机构的重要任务。当前广东创新创业导师存在"塔尖不高、塔基不实"的结构性短板问题，必须注重导师队伍建设，提升导师能力素质。为此，结合创新创业导师能力素质模型，提出创新创业导师能力素质提升路径建议，包括加强导师人才储备、完善导师培训机制、建立导师激励机制和考评及退出机制等。（聂晨曦，2019）

当前，高校创业教育工作取得了长足的进步，但还存在一些问题。如创业导师队伍尚未建立健全、创业教育实效性亟待改善。创业导师是创业教育的关键一环，通过加深创业导师对创业教育概念的理解、厘清创业教育与近似概念的相互关系，提高创业导师的教学水平和教育能力，对创业导师进行在职培训，建立高校创业导师专兼职队伍等举措，可以有效增强创业导师队伍的整体素质，破除创业教育的瓶颈，切实提升创业教育的实效性。（周扬，2017）

本研究对于高校创业导师的能力素质问卷共设计了44个题项，采用李克特4分计分法，内容分别对应教学科研能力、管理能力、发展能力、个性态度四个维度，其中教学科研包括课堂教学、教学改革、专业能力、指导学生、科学研究五个要素；管理能力包括领导团队、沟通协调、统筹规划、合作分享、执行能力五个要素；发展能力包括总结思考、学习提升、探索创新三个要素；个性特征包括爱岗敬业、责任感、成就需要、目标追求四个要素，总共包含17个要素。

一、教学科研能力

从教学和科研能力方面展示了创业导师的基本能力素质，调查问卷包括课堂教学、教学改革、专业能力、指导学生、科学研究五个方面，共18个要素，其中"我会在学情分析的基础上合理地制定教学目标"和"我经常在教学后进行教学反思"平均得分最高，说明创业导师一致认为制定合理教学目标和教学后的教学反思很重要，是创业导师重要的素质能力。

创业导师应该基于学习情况分析制定合理的教学目标，因为在教学过程中，教学目标起着十分重要的作用。教学活动应以教学目标为导向，且始终围绕实现教学目标而进行。新课程倡导的课堂教学目标有三个维度：知识与技能目标，过程与方法目标，情感、态度与价值观目标。创业导师要认真钻研教学大纲，分析教材内容，分析学生的认知特征，分析学生所处的学习环境、了解学生的知识基础，确定教学目标的类别和掌握层次，进而设计整个教学过程，这个过程是一个循环完善、改进的过程，依据学生的反应，不断改进，直至形成完善的教学过程。

教学反思是创业导师对教育教学实践的再认识、再思考，以此来总结经验教训，进一步提高教育教学水平。教学反思是创业导师提高个人业务水平的一种有效手段，他们围绕教学内容、教学过程、教学策略进行反思，会从自己的教育实践中来反观自己的得失，借助行动研究，不断探讨与解决教学目的、教学工具和自身方面的问题，不断提升教学实践的合理性，不断提高教学效益和教科研能力，在教学实践中主动与学生沟通，及时了解学生掌握情况，捕捉学生反馈的有效信息，进行教学反思并有针对性地改进教学方法，保证课堂教学质量的可持续性提高，促进创业导师专业化的过程。

就业创业指导教师不断地反思自己的教学实践，不断地扪心自问"学生喜欢什么、我能给学生什么、怎样教学生才会更有效、为什么会出现这样的问题、怎样解决更完美、我还欠缺哪些专业素养、怎样弥补我的欠缺"等一系列的问题。教师需要在教学实践中一直秉持着学习和反思的习惯，使教学反思成为一种常态。（陈艳丽，2020）

"我给学生介绍创业经验和创业机会"这个选项得分比较低，说明创业导师这方面能力比较缺乏，结合访谈结果得知，目前全国高校创业导师多数都是高校教师做兼职导师，专职导师很少，校外导师更少。高校教师本身缺乏创业经验，很少有企业工作经历，所以无法提供给学生相应的经验。同时由于目前高校对于创业指导这方面给予的激励较少，所以邀请成功企业家难度很大，也导致了高校创业导师师资队伍的主要来源为校内各学院教师或就业指导中心人员，外界师资力量不足。除此之外，校内教师去企业之间的流动也离不开资金及资源的支持，高校给予的激励较少也导致创业指导中心在工作上实施力度不够，教师不愿主动参与实践锻炼，这也是高校目前面临的组建创业导师队伍的重要原因，应该建立专兼职创业导师队伍，聘请知名的企业家、有丰富创业经历的校友等作为创业导师，这样就能够提供给学生更多的经验和创业机会。

"我能根据教学实际需要编写教材"和"我经常利用闲暇时间专注于写论文、编写教材、申请科研课题等工作"评分为较低，说明创业导师在创业指导方面的科学研究能力比较弱，科学研究是有效促进教学、提高人才培养质量、高质量开展社会服务的重要支撑，也是高校教学创业导师需要具备的重要能力素质，高校需要加强这方面的投入。

"我经常担任学生的创业导师"这个选项得分最低，说明目前创业导师缺乏创业经验，不能有效指导学生。学生是教学活动的对象，学生成长是教学活动的中心目标，创业导师应该在专业发展和创业指导方面对学生进行有效指导，帮助学生增强自信，获得自我发展动力，获得创业的能力，所以高校不仅要组建科学的创业导师团队，还要对校内导师进行培训，使他们能够提高创业指导的教学能力，能够编写符合本校需求的相关教材，同时能够更好地指导学生，做学生的真正的导师。所以当务之急就是要把高校的创业导师的创业实践能力提高。

二、管理能力

管理能力是创业导师能力素质的核心要素，包括领导团队、沟通协调、统筹规划、合作分享、执行能力五方面，创业指导课堂不同于一般课堂教学活动，往往会通过活动模拟，让学生真正体会从创业项目的选择、确定以及实施各个阶段实际的需求，创业导师要能帮助学生更好地选择创业项目、识别创业机会，有针对性地指导学生。所以创业导师要具备一定的管理能力，重视并积极培养学生，帮助他们提升创业能力。

当创业项目确定了，项目团队组建之后，要帮助他们形成团队认同感和归属感；激发团队的凝聚力，发挥每位成员的优势特长，激发他们的创业热情，帮助他们自主成长，营造整个团队团结协作、温暖和谐的氛围，促进团队的良性发展，保证团队的竞争力和可持续发展。创业导师应该具有强烈的职业敏锐性，能根据行业发展趋势建立合理有效的发展目标，形成可行的战略规划；创业导师还要学会合作分享，要善于发现他人的特长，通过相互合作，有效提高工作效率和工作质量；执行能力是团结协作、攻坚克难的组织合力，一个团队具有了强大的执行能力才能坚决贯彻团队的战略决策，面对问题迅速做出反应，在较短的时间内获得满意的结果，是整个团队凝聚力、竞争力的综合体现。

对于创新创业指导教师的培训应贯穿于整个阶段。在初期，应着重在指导方式及基础能力的培训，让其能在指导学生过程中如鱼得水；在中期，应着重在对市场敏锐度及创新意识上培训；在后期，应注重对其整体素质的培训，让其综合能力提高，可用来指导其他的师资队伍。

鲁东大学通过典型案例分析、小组讨论、角色体验、模拟实战等多种形式对创业导师师资队伍进行培训，为教师们详细讲解以创业基本认知、创业机会识别与评价、创业资源整合与利用、创业团队建设与管理、商业模式设计与推演、新企业创办与计划制订等 6 个模块为基础的在指导学生过程中较为实用且全面化的课程。通过此类培训，教师们及时更新了陈旧的创新创业教育教学理念，主动提升自身创新创业教育教学能力，为今后创业教育教学

及创新创业指导打下了基础。（钟颖，2018）

构建高质量的创业导师队伍，聘任是关键，应制定严格的导师聘任标准，制定一套完整的创业导师聘任制度。同时要对创业导师进行系统全面的培训，提高他们的整体素质，使他们能够很好地胜任创业指导工作。

三、发展能力

发展能力作为高校创业导师的重要能力素质之一，是指创业导师通过学习、培训、反思、创新等手段提升和完善自身的能力，又可以称为成长能力。根据权重分数从高到低分为总结思考、学习提升和探索创新。

1. 总结思考

能做事体现了创业导师良好的业务能力，而进一步总结思考找出规律和提炼特色则是对创业导师提出的更高的要求，也是创业导师应该具备的能力素质。创业导师的成长主要依赖于在学习与实践中不断总结思考，吸取经验教训。总结是对一段时间内的学习、工作及思想进行全面系统的回顾、评价、分析研究。善于总结，有利于形成经验、提炼特色，推动工作高质量开展。多总结，才能及时发现工作中存在的问题；勤思考，才能有针对性地采取合适的措施解决问题。创业导师应该对自身的专业知识、创业知识以及教学能力具有反思和研究的能力，反思的内容十分广泛，可以反思教学实践中的各种经验教训，可以总结反思教学中的灵感、顿悟和自己对教学内容、教法等要素的理解，也可以总结反思同事及他人之间的教学经验与教训，还可以总结学生的反馈意见和教学实践中的有关事件等。

2. 学习提升

高校创业导师的成长是一个持续不断的过程，只有具备良好的学习能力才能适应知识和技术的更新，持续有效地推动自身的专业发展。创业导师应该具备终身学习的能力，只有具备良好的自学能力，不断更新教学理念，学习新知识，掌握新技术，才能有效提高教学质量。创业导师要关注科技发展动态，主动争取脱产或在职学习培训的机会，加强自身知识的持续构建。日常教学当中要善于借鉴同仁的经验和做法，提升自己的能力素质，主动与专家进行沟通请教，获取经验和信息，对所有的信息进行分析、整合，提炼出自己的思路和特色，这是在工作实践中非常重要的学习方式。

3. 探索创新

探索创新是人类主观能动性的高级表现，是社会发展进步的灵魂和动力，创业导师要善于了解和捕捉国内外关于创新创业研究的新进展、新成果理论，通过各种途径不断提高自己的专业水平，用以指导和改善自身的教育教学。善于接受新技术，敢于尝试一些具有挑战性的、别人没有做过的事。不畏惧困难，在探索中前行。应具有创新的理念、探索的精神和突破传统的勇气，运用新思路、新方法，创造性地开展工作。

除掌握基本的创业知识外，创新创业导师还必须掌握本专业的技能技巧，有较强的动手能力，具有一定的创业经验，并要学习新知识、掌握新技术。在创业教育过程中必然要开展各类创业实践活动，创业实践过程中需要教师帮助学生解决创业实践中产生的各种问题，这就需要教师将自己的亲身体会直接传授给学生，指导学生开展创业实践，提高学生对创业的理解。实施创业教育，培养创新人才，要求创新创业导师必须具备一定创新能力。（汤健，2017）

四、个性态度

个性态度是影响创业导师持续发展的内驱力，态度是一个人的主观意识，决定和指导了一个人的行为。做事成败与否，关键就在于态度。按权重分数由高到低排序为责任担当、锲而不舍、良好心态和上进心强。

列夫·托尔斯泰曾经说过："如果教师只有对事业的爱，那么他只是一个好教师；如果他把对学生的爱和对教育事业的爱融为一体，那么他就是一个完美的教师。"创业导师首先要对创业教育事业无限地热爱与忠诚，在创业教育工作中保持积极热情的态度，高度的责任感、义务感、荣誉感和自豪感，并乐意奉献，为培养创业者作出贡献。

创业导师是特殊而重要的岗位，是教育强国的建设者、学生成长的指导者，使命光荣同时责任重大。责任心影响一个人的行为取向，只有在责任心的驱动下，创业导师才能做到爱岗敬业、关爱学生、钻研进取。

创业导师的教学科研工作中，并没有太多现成的模式和成熟的经验可以参考，需要他们不停地面对困难、解决问题。他们在面对困难和挑战时，只要不轻言放弃，直面困难、努力探索，无论成功与否，在摸索、坚持的过程中都将有所收获。

创业导师应该善于调节心态和情绪，坦然面对生活和工作中的得与失。良好的心态使得他们能够坦然面对生活并积极工作，以一颗平常心对待事情的成败，竭尽全力去做好每一件事，淡泊名利才能使他们拥有更多成长的机会，对于他们来讲，做成事情的成就感远远超过物质利益方面的获得感。

创业导师应该以高标准、严要求激发自身潜能，促使自己不断进步，不安于现状，竭尽全力地把事情做到接近完美。正是因为具有强烈的上进心，创业导师才能迸发出更为强大的自主学习内驱力，通过学习和培训不断进步，保持在专业方面的领先。

大学教师身处高校这种知识不断更新和学术不断创新的环境，这种优势使得他们更容易接触到学术发展以及教育的最新情况和进展，也就有益于他们的成长，所以要珍惜身处高校的自身优势，自己主动积极地去强化自身各方面的能力，强化自身专业素养。在他们的整个教师职业生涯中，一直在努力，不断地进行创新、钻研、科研以及总结，不断地强化自身专业素养，最后他们才获得成功。（林莉，2019）

通过分析创业导师的教学科研能力、管理能力、发展能力、个性特质四个维度发现，个性特质是最重要的一个因素，所谓特质是指一种可表现于许多环境的、相对持久的、一致而稳定的思想、情感和动作的特点，它表现一个人人格的特点的行为倾向，个性是指一个人独特的、稳定的、本质的心理特征的总和，因为个性是一个人相对稳定的思想和情绪方式，是其内部的和外部的可以测量的特质。这些特质越稳定，在不同的情境下出现的频率越高，越有利于描述和预测个体的行为。创立人格特质理论的美国心理学家 G.W. 奥尔波特。他在 1961 年出版的《人格的模式和发展》中提出，特质是人格结构的核心部分，是"一种广泛的相似行为的倾向系统"，它与"相同刺激"和"相同反应"等要领类似。也就是说，任何情境，当它对个体具有同等意义时，就会激起个体的某种倾向，从而产生各种行为。1966 年，奥尔波特发表了《再论特质》一文，重新阐释了自己的观点，即特质在人格心理学中占有举足轻重的地位。他指出，"特质"是一个一般术语，可以用来描述皮层的倾向、亚皮层的倾向或态度的倾向，这些倾向能够防止或激发特定的阶段反应。

由此得出，创业导师的个性态度是直接影响其持续发展的内驱力，也是创业导师能力素质的关键指标。个性态度中的责任担当、锲而不舍、良好心态和上进心决定了创业导师要深刻认同自己的职业，无限热爱自己的职业和岗位，把创业教育当作自己的终身事业。激发就业创业指导教师专业发展的内部需求，引导其自主学习，促进其有效的专业学习，才能使教师的职业生命更有活力。（陈艳丽，2020）

爱岗敬业作为最基本的职业道德规范，教师较高的道德修养往往给学生成长树立学习榜样，有利于教育的育人功能的实现。要求创业导师热爱自己的本职工作，尊重自己的岗位职责，以高度的责任感完成岗位工作。职业情怀是指个人在内心对自己从事的职业所产生的一种稳定的态度和情感。创业导师们都应具有很高的职业认同感，追求职业情怀，享受工作带来的快乐，获得身为创业导师的幸福感。优秀的创业导师心中有学生，尊重关心学生，宽容学生的逆反，与学生做朋友，尽自己最大的努力，发挥自己的最佳水平把每一堂课上好，带好每一位学生，以高度的责任感和敬业态度履职尽责。当把教书育人看成一辈子的事业时，导师们会由内而外地喜欢他所面对的人和事，能感受辛苦工作中的乐趣，也能体验到成就感，这样会促使他更加积极努力，创造更好的工作成绩，进而形成一种良性循环。

创业导师有了积极的个性态度，才会全身心投入创业教育当中，也会不断激发自己的潜力，通过结合行业的发展不时地更新讲授的内容，针对不同时期和不同特点的学生设计不同的课程内容，同时对自己提出一些具体的目标，使自己对该专业的教学与学生培养保持长期的热情。通过设定合适的目标激发内在动力、保持热情，持续努力，直到实现预期目标。在这个过程中不断提高教学科研能力、管理能力，获得更好的发展能力。

内在动机和个性特征是一个人深层次的内隐性能力素质特征，较大程度上影响人的外显性能力素质特征，如教学科研能力、发展能力、管理能力和实践能力等。能力素质理论证明，对于人的发展和复杂职位的胜任起关键作用的，往往是不易测量的个性特征、态度和内在动机等内隐性要素。（俞亚平，2020）此理论应用于创业导师的招聘上，对应聘者能力素质进行全面考察，不仅注重外显性能力素质，更要注重考察其内隐性能力素质，从而招聘到素质全面、发展潜质好的人才。

教师想要取得职业上的成功，从一名普通教师成长为教学名师，科学合理地进行职业规划非常重要。职业规划是教师个人成长的内在需求和动力源泉，也是学校引导、激励教师专业化成长的有效手段。基于能力素质模型的教师职业规划，重点帮助教师进行自我评估和定位，科学设定工作目标、改变工作态度、增强专业技能，逐步提升个人综合能力素质和工作绩效，实现教师职业生涯的良性发展。（俞亚平，2020）

此理论引导创业导师要通过职业规划制定阶段性目标，对照目标标准进行自我评估和定位，最大限度地调动自身发展的积极性，通过实现阶段性目标去实现专业化成长。

教师职业生涯可以分为外职业生涯和内职业生涯。内职业生涯是指教师所具备的知识能力、思想观念、心理素质、内在动机等因素的组合及其变化过程。内职业生涯的因素由个体探索获得，一旦形成则具有相对的稳定性。（张再生，2003）

此理论可以让高校人力资源管理部门和创业导师个人更加认识到内职业

生涯素养提升的重要性，从而有针对性地去培养提高。结合教学单位的发展目标和组织环境等因素，帮助创业导师准确了解个人特质、工作特点及发展需要，指导创业导师分阶段地实现职业目标，对创业导师提供支持和帮助，从而促进创业导师提高能力素质。

第三节 创业导师的课堂管理能力

课堂管理是课堂这一特殊活动组织与管理的结合，是一项非常富有创造性的活动。在早期，被狭义地用来指维持纪律的技巧。但是随着教育的发展，课堂管理的内容更加广泛，常见的课堂管理一般是指教师通过协调课内外的各种人际关系而有效地完成预定教学目标的过程（黄晓红，2005），是教师通过协调课堂内的各种教学因素而有效地实现预定教学目标的过程（田慧生，1996），是指教师为了保证课堂教学的秩序和效益，协调课堂中人与事、时间与空间等各种因素及其关系的过程（施良方，2003）。

课堂管理是指教师为了有效利用时间，创造良好的学习环境，减少不良行为而采取的各种活动和措施。（高长青、朱继红，2020）和谐的课堂管理需要理性管理与感性管理相结合。课堂管理者可以从以下几个方面促进理性与感性相结合的实践：正确认识课堂管理，为两者相结合奠定思想基础；提高课堂管理的智慧，形成两者结合的实践支撑；认识个体的个性差异并选择合适的方法加以结合；加深思想认识的深度，促进两者结合的合理实践。

从课堂管理的角度探讨提高大学生学习投入和学习收获水平的理念和实践。学习投入分为认知、行为、情感三个层次。从认知、行为、情感三个方面分析课堂管理对学生学习投入的影响，证实有效的课堂管理能显著提高大学生的学习投入水平。（马桂梅、马斌，2020）

创业指导的课堂管理是指创业导师在课堂教学活动过程中根据创业教育教学活动的特点，协调各种要素之间的关系，创造和谐的课堂环境，激励学生主动、积极地参与教学活动，有效地使大学生获取创业知识、发展创新创业能力、提高创业创新意识的过程。创业指导课堂管理是创业教学得以顺利实施的重要保障，是体现创业导师教学管理能力的一种方式。

创业教育课堂管理是在教师的指导下，有目的、有计划、有组织的教学教育活动。创业导师需要运用灵活多样的教学方法，营造创业氛围，激发学生的创业灵感，引导学生进行创业实践模拟，帮助学生调整思路和方法，实现成功创业。创业教育要求在实践中教学，所有的创业知识和技能都必须在实践中掌握。这给创业指导员的课堂管理带来了困难。因此，创业指导员必须掌握一定的管理知识和方法，不断提高自己的课堂管理能力，确保创业教育课程能够按照教学计划顺利进行。创业教育课堂管理包括教师自我管理、学生管理、教学内容管理和课堂组织管理。

徐茗臻、臧明军、钟云萍提出：构建有利于培养创业能力的"三课"教学模式，"三个课堂"即以学科课堂教学为中心的"第一课堂"，即是实现创业能力培养的基础。以课外科技活动为中心的"第二课堂"，是实现创业能力培养的初步阶段。构建以参与校外具体实践为中心的产学研合作教育模式的"第三课堂"，是实现创业能力培养的高级阶段和目标。正确处理"三课"之间的关系的过程中培养创业能力，从而实现优化教学管理，提高学生创业能力的"双赢"。（徐茗臻、臧明军、钟云萍，2006）

张伟贵提出：高校扩招以来，旅游管理专业学生人数迅速增加，就业压力加大。加强大学生创业教育，引导和鼓励大学生自主创业，是高校教育面临的巨大挑战和机遇。加强旅游管理专业"三课联动"，第一课是课堂教学；第二课是围绕理论教学组织的各种活动；第三课是社会实践。有利于提高学生综合素质，促进学生创新创业。（张伟贵，2015）

马艳伟、魏结业、李伟以广西财经大学工商管理第二课堂实践教学活动为例，考察其对大学生创新创业能力的影响。结果表明，学生能够积极参与第二课堂，认识到第二课堂在提高创新创业能力方面的作用。但有些地方的吸引力还需要改进。提出系统建设第二课堂、唤醒学生内在动机、多方联动等建议，增加第二课堂创新创业活动的吸引力。

（马艳伟、魏结业、李伟，2018）

李婷以新疆艺术学院为例，探索第二课堂教学体系和第二课堂教学管理体系的构建，组织高素质教师参与高等教育管理，并积极鼓励和引导学生参与第二课堂活动。奖励在比赛中获奖的老师，进一步激发师生共同参与的积极性。在比赛过程中，如何以比赛促教，并将其转化为教学成果，从而真正实现以比赛促教、以比赛促学的"五位一体"创新创业教学体系。在本科人才培养项目中，整合创新创业教育课程模块，同时加强深度整合，实现全专业覆盖的教学体系。李婷从第一课堂、第二课堂、社会公益、社会实践和项目教学五个方面对这一问题进行了探讨。（李婷，2018）

传统创新创业课堂教学，教材单一，教学手段缺乏创新，考核评价方式单一，师资相对薄弱，教学受时空限制且缺乏创业圈，陈健俤、林峰森提出了构建符合大学生创新创业发展需求的课程体系、打造启发式、互动性课堂教学、构建过程与结果双维度考核体系、引进高技能高水平的专兼职创新创业导师队伍、打造线上线下相结合的教育实践平台、构建同城创业生态圈等五大措施，并在实践中初显成效，期望能够为高校创新创业课堂教学改革提供参考。（陈健俤、林峰森，2021）

"互联网+"时代智慧课堂丰富了大学生创新创业课程资源，为其提供了全新的教学媒介和载体。通过把握智慧课堂的教学特征，拓展创新创业课程的教育方法；掌握现代信息化技术，利用智慧课堂平台优化大学生创新创业课程教学方式；探索智慧课堂对大学生创新创业课程质量提升的应用策略与实施路径。（李慧君、易博玲，2021）

大学生创新创业大赛项目指导是参赛学生和指导教师的双向互动过程，项目指导中的互动失调是影响项目实施的重要原因之一。基于"对分课堂"视角，通过理论分析和案例实践，以"教师讲授、独立学习、小组讨论、教师答疑"四个环节开展大赛项目指导，能有效提高互动的参与度、活跃度和满意度，对完善大赛项目指导互动机制、提升大赛项目指导成效，具有十分重要的指导意义和实践价值。（叶玲丽、张学新，2021）

　　教育的空间转向为我们理解创新创业教育提供了新思路，这一转向激励了创新意识和创新动力，促进了教学模式改革，重构了师生关系，释放了创造天性。教育空间转向中有三个维度变化明显：学生维度上，认知、需求与能力的变化；教师维度上，角色、意识与方式的调整；社区维度上，则从目标、共识等方面调整协同方式、推进协同效果。我们可以通过激活学生认知天性，回归教与学的关系本质；强化师资队伍，提升教师创新创业能力；丰富教育空间体系，完善协同育人模式；营造空间创新文化氛围，滋养学生创新创业素养等途径，来完善空间转向过程中的创新创业能力培养。（王颖，2021）

　　郭允兵、罗群、潘梦如在研究中，为了有效运用新兴技术推动创业基础课教学的变革与重构，以智慧课堂为背景，结合淮南师范学院的特色和优势，根据后台数据统计分析教师有针对性地制作课中教学使用课件、制定合适的教学设计方案的情况。通过使用智能设备和社交媒体，最大限度地实现学习互动，从而进行多样化的学习活动。通过构建创业基础课智慧课堂教学模型并进行校本化实践，以期为创业基础课教学模式的改革和探索提供借鉴。（郭允兵、罗群、潘梦如，2021）

　　课堂教学目标实践要基于教育实践、面向教育实践，并在开展课堂教学目标实践的过程中唤醒师生内心真实的体验，以促进学生学会学习、教师获得专业发展。以期使设计的课堂教学目标切实在教学实践中真正发挥其应有的作用，使教育理念在教学实践中得到真正落实。（闫艳，2010）

　　创业课程与其他课程的区别在于，创业课程是一门多学科融合的课程。学生要完成创业实践活动，需要多学科知识的融合，仅仅靠一门学科知识是很难开展创业活动。创新创业教师应该具备学科知识融合的能力。就创业教育的目的和意义来说，学科融合是指从学生创业需求出发，通过整合多门学科知识、资源和手段来达到教学目标，从而培养学生创业的综合素质。

　　创业导师应该基于学习情况分析制定合理的教学目标，因为在教学过程中，教学目标起着十分重要的作用。教学活动应以教学目标为导向，且始终围绕实现教学目标而进行。新课程倡导的课堂教学目标有三个维度：知识与技能目标，过程与方法目标，情感、态度与价值观目标。创业导师要认真钻研教学大纲，分析教材内容，分析学生的认知特征，分析学生所处的学习环境、了解学生的知识基础，确定教学目标的类别和掌握层次，进而设计整个教学过程，这个过程是一个循环完善、改进的过程，依据学生的反应，不断改进，直至形成完善的教学过程。

结合调查问卷结果和部分学者研究成果可以得出以下结论：

一、课堂管理的认知方面

创业导师都认为课堂教学活动中的课堂管理具有重要性，并且在课堂教学活动中经常注重发挥课堂管理的作用。他们认为课堂管理中最重要的任务是创造良好的课堂环境，激发学生学习积极性，可见课堂管理对于课堂教学活动的作用得到创业导师们的认可。

从调查结果来看，创业导师认识到课堂管理对于课堂教学活动的重要性，可通过访谈发现实际的课堂教学活动过程中却只有部分创业导师注重发挥课堂管理的作用，在处理课堂不良行为和课堂违纪事件中，创业导师也表现出管理意识缺乏或者不强。这些说明了高校创业导师已经认识到课堂管理的重要性，但是对于课堂管理的认识仅仅只是存在于表面的认识，没有深入认识到课堂管理的作用，在实践过程中没有充分发挥课堂管理的作用。

教学管理活动直接作用于课堂教学的全过程，在创新能力培养的目标下，教学管理应针对各层次、环节的教学改革、管理方法改革，保障教学活动的顺利进行、达到预期目的。只有在教学管理的支撑下，以学科课堂教学为中心来培养，大学生的创业能力才能有效提升。学生在课堂上学到的知识是创业能力培养的基础，而创新型的教师运用多样化的教学组织形式和教学手段更能激发学生的创新意识，只有在教学管理的制度保证下，课堂教学活动才能顺利开展，实现培养大学生的创业能力的管理目标。

因此，创业导师不仅要充分认识课堂管理的重要性，还要不断改革管理方法，提升管理能力。通过访谈了解到大多数创业导师通过教师岗前培训或教师资格考试培训过程而获得了课堂管理的相关知识，部分参加过创业培训的导师也体验过一些创业实践课的教学模式，但并没有在教学中应用。

传统的课堂教学过分强调知识的传播，过分强调规范性，培养出来的学生缺乏创新精神，创新能力低下。为体现创新教育思想，应当继承和发扬传统教学模式的优势，扬长避短，构建新型课堂教学模式——"三个课堂"教学模式，即以学科课堂教学为中心培养的"第一课堂"，它是实现创业能力培养的基础；以课外科技活动为中心培养的"第二课堂"，它是实现创业能力培养的初步阶段；以参与校外具体实践为中心，构建产学研合作教育模式培养的"第三课堂"，这是实现创业能力培养的高级阶段和目标。（徐茗臻、臧明军、钟云萍，2006）

创业指导课的教学应以教学管理改革为突破口，构建有利于大学生创业能力培养的教学管理模式，强化大学生创业能力的培养，进而提升高校的整体办学水平和人才培养质量。尝试构建理论与实践相结合的课堂教学模式，课堂教学侧重于系统知识的学习与传授，是教学活动的主阵地和创新能力培养的主渠道；实践教学采取多种形式开展活动，积极与社会尤其是企业合作，增加活动的吸引力，满足学生对社会实践、对真实市场环境的体验需求，充分激发学生创新创业的意识，提高学生创新创业能力。

学生普遍对第二课堂实践活动表示满意，但认为活动的指导老师水平、项目策划水平、物资、经费支持力度、活动场地等方面的原因，影响了第二课堂活动学生参与的积极性。（马燕、韦洁桦，2018）这反映出了创业导师的课堂管理知识还需要进一步提高，由于创业课堂的特殊性，要求创业导师形成积极的课堂管理意识；采用科学的管理方式或方法，改进管理措施，提高管理效果，所以高校要加强创业导师课堂管理的培训。

创业基础课智慧课堂借助"线上 + 线下"混合式教学，发挥线上教学学习资源丰富、不受时空限制、互动交流多样以及教学评估便利等优势，利用线下教学加强师生与生生间沟通、容易开展创新创业教育的优势，有效扩展了个人学习时间，课堂交互性变得更加有效，符合创业指导课实践性强的课程特点，有利于学生更好地掌握知识；同时创业指导课授课知识点较为分散，单靠传统的授课方式，无法高效地实现知识的传授，而以问题逻辑为导向，以学生为中心，对课程内容的重新设计，有利于实现授课内容的条理化、清晰化。（郭允兵、罗群、潘梦如，2021）

智慧课堂教学实施的关键是互动教学，即把课堂教学过程看作是一个教与学融合、交互作用与影响的动态过程。在构建创业基础课智慧课堂的过程中，转变"以教师为中心"的传统观念，实施"教师主导、学生中心"的双主体理念，注重"教"与"学"的相互渗透和融合，实现"教"与"学"的统一。此外，以学生为中心精心设计课程，引导学生主动学习，能激发学生的学习兴趣，引导学生主动学习、实现深度学习、提高学习效率。

二、在创业导师的自我管理方面

在创业导师的自我管理方面，受访者普遍同意具备管理能力的重要性。

教师的自我管理是指教师在课堂活动中协调自身的态度、语言、动作等，并选择和使用恰当的教学方法开展教学活动的过程。教师是课堂活动的引领者、组织者，他们通过组织课堂教学活动，以适合于学生理解接受的教学方法把自身掌握的知识传授给学生，引领学生健康和谐发展。所以，教师的自我管理至关重要，必须提高自身的修养和综合能力，才能更好地引领学生的发展，培养出新世纪的创新型人才。（王庆丰，2009）

创业导师在创业教学活动中扮演着一个重要的指导者和协助者的角色，在教学过程的管理上，创业导师对学生的多方位的指导是课堂内教学活动的延伸。创新教学管理形式，对师生的创新活动有很大的激励作用，并能从一定程度上检验管理效果和学生的创业能力发展情况。

反思是创业导师课堂教学和管理水平提升的必由之路，也是创业导师专业化发展的重要途径之一，创业导师能够经常对课堂的教学与管理进行反思，说明创业导师比较重视反思的积极作用，对课堂教学反思的意义认识比较到位。只有反思，创业导师才能发现课堂教学和管理存在的不足之处，才能积累宝贵的教育经验。

在课堂上重视情感投入也是大多数创业导师比较认同的，但部分导师本身对情感教育的方法或技能知之甚少，导致课堂上不能和学生形成情感交流、互动，致使情感教育不成功，有些创业导师由于缺乏情感教育的技能，又忽视学生的情感体验，使得课堂缺乏情感互动、交流，课堂气氛普通平淡。

部分创业导师缺乏创新意识，且创新能力不足，并没有重视课堂管理中的创新，所以对自己的课堂管理效果并不满意，导致此项权重分数最低，说明高校创业导师课堂管理能力不足、技能缺乏，不能充分发挥课堂管理的积极作用。

大学生的知识积累、学习能力和心理素质等一直都在不断发展变化，这就决定了课堂管理必须具有创新性，这样才能满足学生的需求。此外大学生的记忆力、理解能力比较强，自学能力也在不断提高，他们的创新意识相应加强，这就需要创业导师相应更新教学内容，采取新的课堂管理方式，使课堂管理不断处在新的情景，由此体现出课堂管理的创新性。

因此高校应该培养创业导师的创新意识，提高他们的创新能力，只有不断创新，课堂才能焕发旺盛的生命力，才能为开展创新教育提供和谐的课堂环境。

三、课堂管理的学生管理方面

在课堂管理的学生管理方面，受访者普遍认为对学生的管理很重要。

教师对学生的管理是指教师在课堂活动中通过分析学生的行为表现，采取相应措施，引导学生积极、主动参与教学活动的过程。学生是课堂活动的主体，没有学生的参与，就不可能有成功的教学活动，更谈不上教育质量。只有加强对学生的管理，才能充分发挥学生参与教学的主观能动性，最终才能真正达到教学的目的，实现教学目标。（王庆丰，2009）

大多数创业导师同意在课堂上与学生保持和谐的人际关系，在课堂上与学生的沟通、互动也比较注意方式方法，课堂人际关系在课堂管理过程中非常重要，和谐的课堂人际关系是成功教学的基本前提条件。所以在学生违纪时能够进行说服教育，对违纪事件采取处理措施时，能令学生心服口服，教师便觉得自己能比较灵活应付课堂违纪事件。

师生关系是教育活动过程中最重要、最基本、最活跃的人际关系，教师在处理课堂师生间的关系时主动倡导合作、平等、自主、互动、创造以及和谐的课堂教学心理环境的管理方式，由此形成的课堂心理环境管理能促成平等对话和满足协商型的和谐课堂心理环境的师生关系。（朱毓高，2016）

当前高校课堂管理过程中出现的一系列问题，如师生关系冷淡疏远、学生学习积极性不高、课堂气氛沉闷等，其原因主要是高校教师缺乏课堂管理意识，忽视自身作为一个管理者的重要角色，而没有采取有效的课堂管理措施。

课堂教学是高校生存与发展的基石，是实现大学生全面发展的重要途径。同样，如果要实现大学生全面发展，就要构建和谐课堂，进行和谐课堂管理。只有进行和谐课堂管理，才能协调好影响高校课堂和谐的因素，培养大学生的和谐要素，实现大学生的全面发展。（王庆丰，2009）

创业指导课堂管理，需要创业导师创设和谐课堂气氛，协调好师生关系，取得学生的信任，运用多样化的教学组织形式和教学手段，激发学生的创新意识，顺利开展课堂教学活动，实现培养大学生的创业能力的管理目标。

四、教师对教学内容的管理

教师对教学内容的管理是指教师根据教学大纲的要求及学生的特点，对教材进行加工处理，运用恰当的教学手段和方法，把科学知识传授给学生的过程。教学内容是课堂教学的基础，是提高教学质量的关键，事关整个课堂教学的成败，所以教师务必重视教学内容的管理。

创业导师认为能运用恰当的教学手段和方法，把科学知识传授给学生，说明创业导师都比较重视教学手段和方法的运用，"根据教学大纲的要求及学生的特点，对教材进行加工处理"这个选项。大部分教师觉得目前课堂使用的教材还能适应学生学习发展的需要。

根据访谈得知，不少高校教材管理部门对教材的选用质量重视不够，在教材的选用过程中，许多高校仅凭任课教师个人喜好选定版本，因此有的教师为图备课方便，长期使用一个版本，不更换新、优教材，导致反映新的科技知识的教材得不到及时选用。还有院校、教师忽视学生的反馈是对教材进行评价的重要组成部分，造成任课教师选定的教材只是适应教师，但不适应学生的现象。

目前，在高校教师群体中重科研轻教学的观念与做法已成为普遍的共识。在高校教师业绩评价体系中，教师的学术成果比重比教学质量比重要大得多，无论在职称评审、岗位聘用、评优评先、薪酬管理等方面，更看重论文、课题、著作、获奖的数量与标志性成果。在教学业绩方面的考核标准中，一般只有完成学校规定的教学工作量指标的要求，在教学质量方面并没有严格的硬性要求，使教学水平与教学业绩沦为了"软指标"。因此，高校教师普遍认为来自科研方面的压力要比教学大得多，而平时教师投入科研方面的时间精力也要比备课、上课所花费的时间精力多得多，抑制了高校教师进行教学改革和创新的积极性与责任感。（徐建华，2016）

因此在教学过程中，为了实现创新创业人才的培养目标，创业导师需要不断提升教学水平，改进教学方法，采用启发式、合作式、探究式、研讨式、参与式等教学方法，培养学生自主学习、合作学习、探究学习的能力，提升大学生的创新创业能力。

五、课堂环境的管理方面

受访者在创业课堂管理过程中普遍倾向于民主状态，因为在民主的课堂中课堂氛围积极向上。

《教育大辞典》认为课堂环境是指："课堂教学中师生所呈现的一种心理

状态，其良好的标志表现为师生的情感交融，产生更多的相互作用和影响，学生对学习表现出更大的兴趣和愉快、无紧张无畏惧感、有更多自由表达的机会等，教师的作风和行为对形成一定的课堂气氛具有重要的作用。"（顾明远，1990）

澳大利亚学者弗雷泽指出，"课堂环境是由课堂、课堂师生人际关系、课堂生活质量和课堂社会气氛等因素构成的课堂生活情境"。（Fraser, B.J.1986）

由此可知，课堂环境管理应在课堂管理中处于关键要素，对课堂环境的管理是否有效会直接影响到课堂管理的效果，同时也是课堂教学和学生学习的基本保障。良性师生互动关系的维持、民主平等的课堂氛围的营造和讨论式对话平台的搭建都是课堂心理环境的重要因素。

所谓课堂的正向环境也可称为积极环境，它强调营造积极的课堂气氛，在这种气氛中，教师和学生都拥有积极的心理和良好的情绪，并处于积极的学习状况，包括积极的学习和思考，有效的沟通和互动，最终取得积极的教和学的效果。（朱毓高，2016）

教师会考虑到个体的需要层次，努力为学生创设一种安全、合作、尊重的学习环境，营造一种必要时寻求帮助，坦言自己的困难、问题和观点时不被嘲笑，以及能够得到鼓励并对新尝试抱有期望的心理环境。（林君芬，2010）

创业导师要注重对学生创业动机的调动，让学生参与到教学目标的制定中来，让学生在教学活动开始前脑子里就有一个较为清晰的意图，从而形成学习期待，在教学过程中，能够集中注意力。在教学活动开始阶段，创业导师会从学生的实际出发，创设有意义的教学导入，融启发性、知识性、自主性、文化性、互动性和时代性为一体，激发学生的学习兴趣，调动学生多感官参与。在教学活动中，创业导师会设置具有挑战性的任务，通过游戏、角色扮演、情境表演等活动，让学生的思维始终保持活跃的状态，积极参与到教学活动中，在做中学、在做中体验，从而建构对知识的意义，达到学生与学生、学生与教师、学生个体与内心的和谐状态。

课堂管理影响因素中，项目的综合平均得分为 3.36，说明受访者普遍同意。学校的管理制度与课堂管理效果密切相关，被认为强烈同意。因为良好的课堂环境管理必不可少地要用课堂纪律性质的制度环境因素给予保障。课堂制度是高校课堂环境的保障，课堂纪律是课堂制度环境的主要因素，因此，好的课堂制度环境对课堂环境的科学构建及发展起到保障功效，促使课堂环境按照既定的规律健康发展。

课堂文化的建设对课堂管理有促进作用，虽然仍有部分教师未能正确认识课堂文化的作用。"文化是代表一个群体的特性，反映其精神风貌、心理状态、思维方式和价值取向等精神因素的总和。"（郑波，2009）

课堂环境文化特征是促进良好课堂环境形成的稳定要素。课堂环境文化主要是师生学会以科学的文化价值观来解决课堂管理出现的问题，让学生有独立自主的自我思考能力。最终营造出一种师生情感状态和谐与人格健全以及心理健康的课堂文化氛围，由传统教师课堂教学的专制型课堂环境文化转变为民主型课堂环境文化。这种民主型课堂环境文化使教师给予学生自由充分的课堂表现机会，积极采纳学生提出的科学合理的课堂管理意见，促使师生之间在课堂环境中处于民主、和谐、平等的关系。

课堂人际关系对课堂管理会有影响，良好和谐的师生关系在整个课堂教学中意义重大，同时也在整个教育教学活动中具有举足轻重的地位，能够促进学生的身心健康发展。构建良好和谐的师生关系需要良好的课堂管理作为后盾保障，最重要的是取决于教师的素质，对教师而言，课堂活动是其职业生活的最基本部分，能否构建和谐的师生关系取决于教师对其职业的态度、专业水平的发展以及生命价值的体现。所以教师自身素质是影响课堂管理最大的因素。（朱毓高，2016）

课堂管理方面项目的综合平均得分为 3.38，说明受访者普遍同意。其中在课堂管理的认识和课堂环境的管理相关方面得分最高；其次是教师的自我管理和课堂内容的管理；最后是对学生的管理。

教师是课堂教学的组织者、引领者，同时也是课堂的管理者，教师的自身素质是影响课堂管理的重要因素之一，提升自身综合素质是教师内在自我发展的必由之路。（王庆丰，2009）所以要提高创业导师的思想认识，认识到课堂管理的重要性，调动他们的积极性，加强课堂管理知识的学习，努力提高自身的课堂管理水平，提高教学质量。

高职院校课堂环境作为学生学习、交流的主要场所是一种特殊条件下的环境，在这种特殊的环境条件下，学生获取知识、培养技能，发展和完善自己。（鄢进波，2011）

课堂生态是一种特殊的生态，是生命系统与环境系统在特定的空间——课堂中的组合体，它由教师、学生和课堂环境三部分组成。（徐建华，2016）高校课堂教学是由教师与学生在教学过程中共同组成的一个动态的、发展的、不断追求完善的过程，是学生生命个体、教师生命个体以及师生学习共同体不断成长与发展的学习过程。

创业导师要通过交流沟通、观察等方式发现学生的心理需要，充分理解、关心、尊重和信任学生。通过创建和谐的师生关系，营造和谐的课堂气氛，优化课堂心理环境，努力构建民主平等、探索创新、共同合作的课堂文化，达到和谐管理的佳境。

高校教师若不能敏锐捕捉并理解学生对情境感知的差异，而是仅仅通过科学地组织、构建教学内容、培养良好的教学技巧、采用灵活的讲课方法以及给学生更多的自主选择，都无法实现高校有效教学的最终目标。（潘红，2007）

因此，创业导师要充分了解、理解、把握学生先前的学习经验、具体学习情境的独特感知、学习方法，根据实际情况运用恰当的教学策略，提高学生学习效果。

教师还应该通过和谐课堂管理培养学生自我管理意识，提高学生的自我管理能力，从学习管理、交往活动的管理、行为动力系统的管理、自我控制能力的管理、责任心的管理和健康管理等操作层面培养提高学生自我管理能力。（马秋丽，2005）

　　课堂管理是一门复杂的学问，涉及人文知识、科学知识和专业技能等。教师要有丰富扎实的课堂管理知识，才能提高课堂教学效率。目前我国高校的创业导师队伍不健全，一些创业导师没有经过系统的师范教育，只是经过岗前培训获取相关课堂管理的知识，培训内容和学时远不能满足教学的需要，而且培训形式单一，培训非专业化，缺乏实践的引领等，在这样的情况下，高校创业导师无法积极主动地发挥课堂管理，营造积极的课堂气氛，发挥学生主观能动性。

　　所以创业导师要加强课堂管理知识的学习，提高课堂管理能力，要对课堂管理不断反思，要构建和谐的师生关系，转变课堂管理模式，坚持以人为本的管理理念，通过尊重、理解学生，满足学生的心理需求，调动学生的积极性，实现学生的自我管理，最终构建和谐的课堂管理模式。

　　课外的科技创新活动是课内学习的外延，尽管活动的方式多种多样，但活动的主体仍然是学生及指导者，由于活动的组织者转换成了团委等其他非教学管理部门，教学管理对活动的控制相对较弱，有的甚至完全不在教学管理的控制之中。而活动实施过程中，教师和学生仍然遵循"学生为主体，教师为主导"的基本教学原则，而且科技创新活动的内容也是由学科学习中的基本知识发展而来，与学生的专业学习息息相关。由此可见，教师在整个过程中对学生的多方位指导也是课堂内教学活动的延伸，把对课外科技创新活动的管理纳入教学管理体系可以更好地衔接学科知识的学习和应用，创新教学组织形式。

第四节　创业导师的教学实践能力

　　创业指导教学实践，是通过对核心理论和课程体系的安排，打造创业实践实训平台，紧密围绕创业过程，让学生真正体验创业从无到有的全过程。

　　创业指导教学实践旨在培养学生的创新创业能力。通过培养学生的创业精神、创业思维和创业技能，提高学生的创业能力和就业能力。教学实践应包括三部分：创业基础知识的培养、学生创造力的激发；大学生创业项目孵化；组织创业活动等。

关于教师和创业导师的教学实践能力，已经有许多学者进行了相关研究，本研究全面总结了我国创业导师的教学实践能力，并探讨了其在实际教学中的应用。

我国目前多数应用型本科高校由普通本科高校或师范专科学校转型升格而来，面临着教师实践能力无法满足应用型人才培养需求的难题，主要原因在于教师个人对实践认识不到位、实践经历不丰富及学校的教师实践机制不健全。龙岩学院从树立教师实践理念、改革人事制度、创新产教融合平台、优化实践培养体系等方面，探索产教融合背景下教师实践能力提升路径，成效显著，总结了转型理念要深入人心、评价体系要科学健全、合作机制要稳固牢靠等经验。（周华明、黄智倩，2021）

在高校的转型发展中，教师的实践教学能力成为人才培养目标实现的重要保证。结合应用型本科高校教师实践教学能力的现状，分析影响教师实践教学能力的因素，并提出教师实践教学能力的提升策略。高校在职称评聘、岗位聘用、年度考核时应突出教师的实践能力和教学能力，以制度的形式调动教师到企业挂职、考取职业资格证书、开展横向课题研究，激发教师实践教学水平提升的内动力，最终实现应用创新型人才培养。（黄慧，2021）

结合应用型本科的发展背景，阐释了应用型本科创新创业实践教学存在的困境，从学习意识、实践培训和激励机制三个方面给出了创新创业实践教学能力提升策略，以达到提高应用型本科高校实践教师创新创业教学能力的目的，进而为应用型本科高校教学实践提供参考。（李全艳等，2020）

当前我国应用型本科高校教师实践教学能力普遍较低，提升教师实践教学能力，更好地实现应用型本科高校人才培养目标，是当前高校改革的重要任务。提升应用型高校教师实践教学能力的有效策略：注重教师的职业修养，培养教师的工匠精神；建立多元化的产学研教学模式，为教师深入企业学习创造条件，鼓励广大教师到企业开展实践科研；高校要深刻认识提高教师实践教学能力的重要意义，进一步完善高校的制度建设，构建促进高校教师积极参与实训学习、科研创新活动的有效机制，进一步激发教师在这方面的自主能动性。使教师在外因和内因的共同促进下，通过认真学习、努力实践提升自己的实践教学能力。（沈新建，2020）

"双能型"即教师不仅有高水平的理论知识，还要具有行业工作经验或专业技术能力。所以，"双能型"教师的实践教学能力提升是势在必行的。通过对"双能型"教师实践教学中遇到的问题——"双能型"教师对培养模式不清晰，培训脱离实际、激励措施不完善等进行分析，对其提出相应的对策与建议。（林毅、杨华琼、陈晓曼，2018）

产教融合、校企合作是提升学生实践动手能力的有效途径，教师是教学过程的主导者，在人才培养中起着关键作用，要求教师本身具有较强的实践教学能力。教师实践教学能力的培养是一项系统工程，需要学校、政府、企业以及教师本人的多方面支持与配合，需要结合应用型本科教育教学的改革实际，创造有利条件，多措并举，逐步推进。（张利民、王素珍，2017）

应用型人才的培养更加注重实践性、应用性和技术性。它不仅需要不断改进和创设以应用能力培养为核心的专业课程体系，同时更需要一支既具有深厚理论功底又具有较强专业实践能力的"双师型"教师队伍。教师对实践教学能力的认知程度、权威机构对教师实践教学能力的认证状况、教师自身的实践经历、实践教学能力培养的环境因素以及高校对教师实践教学能力的培养机制是影响应用型本科院校教师实践教学能力的显著性因素。（姚吉祥，2010）

创业导师"给学生介绍创业经验和创业机会"这个选项得分不高，说明创业导师这方面能力比较缺乏，结合访谈结果得知，目前全国高校创业导师多数都是高校教师做兼职导师，专职导师很少，校外导师更少。高校教师本身缺乏创业经验，很少有企业工作经历，所以无法提供给学生相应的经验。同时由于目前高校对于创业指导这方面给予的激励较少，所以邀请成功企业家难度很大，也导致了高校创业导师资队伍的主要来源为校内各学院教师抑或就业指导中心人员，外界师资力量不足。除此之外，校内教师去企业之间的流动也离不开资金及资源的支持，高校给予的激励较少也导致创业指导中心在工作上实施力度不够，教师不愿主动参与实践锻炼，这也是高校目前面临的组建创业导师队伍的重要原因。针对这种情况，高校应该建立专兼职创业导师队伍，聘请知名的企业家、有丰富创业经历的校友等作为创业导师，这样就能够提供给学生更多的经验和创业机会。（汤健，2017）

产学研合作教育不仅使大量现代化企业资源转化为学校可利用的教学资源，并且通过与技术人员、工人、管理人员频繁接触，合作解决问题。开阔了学生的眼界，激发了学生的创造精神，培养了学生分析问题、解决问题的能力，为以后能持续创业打下坚实的基础。从外在形式上来看，在突破了大学校园这个空间范畴，针对大学生创业实践而开展的社会实践活动似乎完全脱离了教学管理的控制，但从实质而言，这种以大学生创业能力的培养为目标的活动实施过程仍处于教学管理的宏观控制中，教学管理对其表现的是一种隐性的管理形态。首先，表现在对实践目的的管理，没有目的的社会实践活动是无意义的，对社会和学生个人都是一种无效行为，大学生开展社会实践的目的就是为了促进创业能力的发展；其次，表现在对实践过程的管理上，学生个体作为基本的行为主体并未完全脱离教学过程，指导其实践的根本理念和意识都是来自学科知识的教学，教师在该活动中仍然扮演着一个重要的指导者和协助者角色；最后，表现在对实践结果的监控上，教学管理有必要对学生的实践活动做出相应的监控和评价，以获得有效的经验及对以后的实践做出指导。因此，高校教学管理应对大学生校外创新实践起到全程掌控的作用。（徐茗臻、臧明军、钟云萍，2006）

结合调查问卷结果和部分学者研究成果可以得出以下结论：

一、对实践教学的认识方面

创业导师普遍认同需要提升创业实践教学能力，也对有机会参加各种类型的创业培训非常感兴趣，他们认同创业实践教学的重要性，却对于创业实践概念不是非常熟悉。这说明高校创业导师缺乏实践教学的经历，也迫切需要提高实践教学能力。创业导师的实践教学能力，是建立在实践教学经验基础上的一种教学能力，它体现于教学过程的始终，能够有效培养学生的创业能力，因此创业导师必须重视并在教学实践中努力提升这种能力，但目前高校的创业导师大多缺乏创业实践能力，大多数创业导师的教学只是依赖于教材，边学边教学生，在一定程度上影响了学生创业实践能力的培养，也影响了教学的整体效果。创业导师接受的创业实践培训也非常有限，接触创业实践锻炼的机会太少、时间过短，其创业能力就无法有效提高。为此，高校要建立创业导师实践教学能力培养体系，强化创业导师实践教学能力的培养和提高。

开展大学生创新创业教育，以创业教育促进学生全面发展和全面成才，是各高校迫切需要解决的重大课题。不断加强和改善高校创业导师队伍建设的同时，要注重开发社会教育资源，聘请品德高尚、乐于奉献、责任心强的成功企业家来担任大学生创业实践导师，充分利用他们的创新创业思想与实践平台，创新教育模式，对大学生进行创新创业与实践能力的培养和教育，同时也能带动校内的导师，帮助他们提高实践教学能力，只有这样才能保证创新创业教育的有效实施；才能培养出具有敢于探索、突破常规、勇于创新的复合型人才。

学校要创设或提供一定的条件以保障实践教学的顺利开展，就设施而言，创业实践教学需要专门的设施，如多媒体教学设备、路演教室、摄像机、电脑等。就经费而言，参加各类大赛和校外实践活动，聘请专家辅导都需要一定的经费，学校要保障实践教学条件，确保实践教学的顺利开展。

建立和完善高校和院系两级关于实践教学管理的规章制度，形成实践教学的日常运行机制、评价督导机制和反思改进机制，制定全面、客观、有效的评价实践教学质量的标准，加强实践教学过程的检查和督导，形成相应的奖惩制度，为实践教学的开展提供导向、条件和动力。（艾小平，2017）

二、教学实践方面

创业导师常常和同事交流，从中发现自己教学的不足并做相应改进，因为接受的培训有限，所以创业导师通过经常观看一些优秀实践教学视频，有意识地学习、模仿，以提高自己的创业实践能力。这有利于创业导师准确地讲解创业的基本知识、基本理论，有效地安排教学内容，合理地选择利用教材，将创业教育融入教学内容中，将知识讲解与提高学生的创业能力紧密结合，更多鼓励学生，激发学生独立思考和探究的能力。

创业导师在"经常带学生到企业见习、实习"这个选项得分最低，说明这样的实践途径很少。创业导师很少会根据教学问题开展教学、科研研究，结合访谈结果得知，高校创业导师很少有机会去企业实践，因为学校提供这样的实践机会很少，况且如何认定并衡量教师的实践教学能力，目前高等教育系统还没有形成统一的标准。

目前，我国大部分高校对双师型教师的认定工作已普遍开展，但只是将专业技能证书的取得作为这方面主要的评判标准，虽然一部分教师具有专业技能证书，但是对他们的实践教学能力并没有实质性的帮助（李兆、曹静、王永锋，2018）。对于教师参与企业实践培训的认证，由于缺乏相应的监督机制和考核机制，尚难以实效性地进行科学而合理的衡量。

创业导师要将创业的专业理论知识转化为创业实践活动，需要制定有效的实践教学计划，解决实践教学中遇到的实际问题，帮助学生提高创业实践能力，将创业计划付诸行动，这是创业导师开展实践教学取得成功的关键，也预示着其实践教学能力的高低。实践教学的过程需要创业导师运用专业理论知识，采取各种教学方式向学生传授知识，使学生掌握创业技巧。创业导师要随时关注与创业相关的新知识、新技术、新设备的发展动态，以便在实践教学中传达给学生，帮助学生顺利创业。

创业导师在"指导学生参加技能大赛并多次获奖"这个选项得分最低，说明此项工作确实有难度。近几年来，各高校积极开展各类创新创业培训活动，并鼓励师生积极参加各类创新创业类比赛，如"互联网+"大学生创新创业大赛、"创青春"创业大赛等，积极组织师生申报国家级、省级大学生创新创业训练项目，高度重视第二课堂与创新创业能力培养，制定了一系列制度和办法鼓励教师积极开展创新创业教育工作，设立专项经费和奖励资金，奖励在比赛中获奖的教师，进一步刺激师生共同参与的热情。引导如何通过比赛促进教学和转化为教学成果，真正做到以赛促教、以赛促学，形成敢于创新、追求创新的氛围。

"互联网 +"的时代为大学生提供了诸多非同寻常的机会，也为创新创业教育提供了更多的土壤和条件。进一步思考如何结合时代特色做好创新创业工作，高校和教师任重而道远。

马容提出构建教师的实践能力体系五方面：依托"校企合作，与产业对接"的教师顶岗实践模式；基于教师通过相关技能的培训，获取资格证书的实践模式；以比赛的形式促进学术交流的实践模式；通过承担相关的科研课题，来促进各个层次的高校进行合作的实践模式；与之相匹配的激励评价机制。（马容，2012）

李婷提出实现了专业全覆盖的教学体系，逐步构建了第一课堂、第二课堂、社会公益、社会实践、项目化教学的"五位一体"综合创新创业教学体系。（李婷，2018）

因此，高校应该建构有利于教师实践能力培养的教学体系，从多方面为教师提供实践机会，同时设计完善相关制度，激励创业导师参与实践活动。创造条件，利用各种机会让教师接受专业实践锻炼是当前应用型本科院校加强师资队伍培养的关键性工作。（姚吉祥，2010）

三、实践教学的科研方面

创业导师普遍比较欠缺。他们虽然比较了解创新创业教育的发展趋势，但申报创新创业教育方面的科研课题并不多，他们具备一般的科研能力，能够在进行科研过程中很快确定自己课题的研究方法和手段，遇到科研方面的困难能得到解决。但创业实践经验的不足导致创业导师无法将创业的理论知识与创业实践进行对接，也无法有效帮助学生实现创业计划。

教师大多从学校到学校，理论功底扎实，学历较高，但缺少本专业及相关专业岗位的实践知识、技能及一定的科研开发能力。（姚吉祥，2010）

应用型高校要本着人才强校的理念，深刻认识提高教师实践教学能力的重要意义，进一步完善高校的制度建设，构建促进高校教师积极参与实训学习、科研创新活动的有效机制，进一步激发教师在这方面的自主能动性。使教师在外因和内因的共同促进下，通过认真学习、努力实践提升自己的实践教学能力。（沈新建，2020）

实践教学需多方协同发展才能培养出符合经济社会发展所需的应用创新型人才，除教师自身因素外，还需学校、企业和社会多方面的重视。（黄慧，2021）

本科院校应当为教师营造百家争鸣的和谐学术环境和学术氛围，充分发挥教师的特长，同时要鼓励教师在探索过程中试验与创新，为高素质人才创造相对应的工作载体。为了促使教师科研能力的提升，应该着重加强学科带头人的培养，健全院校选拔和培养制度，采取更加广泛的推荐办法，本着公平平等的宗旨，定期或者不定期地进行选拔以及评审带头人。（郭运晨，2015）

四、企业实践方面

在企业实践方面，创业导师普遍比较欠缺。创业导师大多数都持有代表创业实践能力的证书，他们提高创业实践能力的渠道主要是培训学习，很少有去企业实践的经历，也很少有人去企事业单位工作或挂职锻炼，创业导师普遍认为到企业进行岗位实践是提升实践教学能力的主要途径，当然实践教学能力的提升也离不开学校的在职培训。近些年，高校也越来越重视创业导师的在职培训，采取多种途径加大培训的力度，但由于学校人力、财力和物力相对投入不足，创业导师在职培训的机制不健全，导致培训效果不理想。因此，高校需要花费大量资金进行实训基地建设，只有在充足的经费支持下，创业导师的实践教学能力才会有效提升。

造成教师参与企业实践能力低的原因主要有以下三个方面：首先，在于目前还缺少保障地方本科院校教师到企业参与实践的可行法律法规；其次，学校关于这方面的制度方面不完善，由于缺乏资金补贴，也疲于让教师去企业进行实践；最后，教师自身积极性不高，提高自身实践能力意识薄弱。（郭运晨，2015）

考核制度的完善是校企合作顺利进行的重要保障。要建立一套切实可行的企业实践的制度，将教师在企业的实践和评聘与晋升等结合在一起，在制度上支持教师积极地参与企业的实践，切实保障教师实践能力发展的权利和义务，激发教师自我提升实践能力的意识，将企业实践看作是提高自身技能水平的平台，使教师能够更加自觉地参与企业的实践。（郭运晨，2015）

五、学校评估方面

数据显示高校基本没有相关考核制度去考评教师企业实践的效果，也很少把创业导师去企业实践作为职称评聘的必备条件。各高校普遍存在着实践培训制度不健全、创业导师实践培训资金不足等问题。为解决这些问题，高校要积极进行相关的制度改革，要强化相关的制度建设。以激励创业导师提高对创业教学实践能力的认识，促进创业导师在创业实践能力方面的学习与提高。

学校应该制定相应的教师实践能力的培养培训办法，减少相关的课时量，保留工资福利以及岗位津贴，并且要给予伙食补贴以及交通补助，让教师在参加实践能力的培养中，最起码经济上不受到损失。同时，要在晋升职称方面以及出国等方面享受更加优厚的待遇，营造更加良好环境，达到激发教师自身主动提升实践能力的目的。（郭运晨，2015）

首先，在教师选聘时可倾向于有企业相关工作经历的教师，不仅可以促进中青年教师的成长，还有助于激发教师的竞争意识，倒逼教师主动探索，不断学习，积极参与企业培训或挂职锻炼。其次，高校在职称评聘、岗位聘用、年度考核时应突出教师的实践能力和教学能力，以制度的形式调动教师到企业挂职、考取职业资格证书、开展横向课题研究，激发教师实践教学水平提升的内动力，最终实现应用创新型人才培养。最后，构建提升教师实践教学能力的培训体系。注重中青年教师实践能力和实践教学能力的培养，打造"双师双能"型教师队伍。组织多层次、多方面的培训，强调培训的差异性、适应性和实效性，鼓励教师在线学习和到企业短期挂职锻炼。（黄慧，2021）

通过对创业导师实践教学能力的研究，可以看出创业导师都有较强的实践教学的认识，也有提升教学实践能力的自主能动性。但比较欠缺的是实践教学的研究能力和企业实践的经历，高校也几乎没有激励措施。所以高校要加大创业导师在职实践学习与培训的投入，改变传统的发展理念，积极发掘校外优质资源，拓展高校创业导师的在职实践培训路径，鼓励创业导师积极参与更多创业实践活动，让创业导师能够深刻了解行业专业的发展趋势，以促进创业导师进一步开展创业实践活动和研究，并将自己的学习经验和科研成果更多地应用于自己的教学实践，进一步提高自己的实践教学能力。

在高校内部要积极建立完善高校创业导师实践教学能力考核体系，并将这一体系纳入高校的教学考核体系，制定合理的考核标准，从而对创业导师的应用型技术研究在科研项目评审、教师职称评定环节予以重视。

高校可以组织创业导师到企业学习，使得创业导师能够积累更多创业实践经验，并且通过实践把理论知识向实践能力进行转化，进而完善创业导师自身的理论知识以及实践能力，通过自身不断努力，完善科研当中的不足，最终达到提升创业导师实践能力的成效。

高校应完善产教融合、校企合作机制，开展深度合作，教师到企业见习或开展横向课题，不仅有助于教师提高自身的产学研结合的能力，也能服务于地方的经济发展。（黄慧，2021）

高校应致力于实现专业全覆盖的教学体系，逐步构建第一课堂、第二课堂、社会公益、社会实践、项目化教学的"五位一体"综合创新创业教学体系。并定期进行创新创业训练计划的中期检查，开设讲座与培训，通过学院宣传部、团委、微信平台、校园电视台等途径宣传大学生创新创业事例，覆盖到全校的每一个教学系部。同时，还要做到进一步优化师资队伍的结构，加强创新创业实践效果。（黄慧，2021）

我国著名教育家朱九思先生曾在《高等学校管理》一书中指出了"第二课堂"的概念，第二课堂是在教学计划之外，引导和组织学生开展的一系列有意义的各类课外活动。在高校教学实践中，第一课堂与第二课堂相互补充，相互促进，互相融合，为培养高素质、复合型人才提供了重要基础与导向。第二课堂具有重要地位和作用，它不仅是一种重要的沟通方式，培养师生间团结协作的能力与关系，更重要的是搭建了学生与社会间的纽带，为学生思维方式的养成、个人成长空间的搭建以及社会就业之间构成一种良性的循环方式。总体来说，第二课堂是高校深化教学改革的重要阵地，也是高校创新人才培养体系中非常重要的部分。（李婷，2018）

高校应将第二课堂建设纳入人才培养体系进行系统化建设。可以系统地将实习实训、社会实践、专业实践等内容列入学院人才培养方案中，大力支持创新创业、学科竞赛等校园文化活动，将第二课堂建设置于人才培养体系中的重要位置，作为第一课堂的补充和延伸。第二课堂活动与社会尤其是企业合作，能够增加活动的吸引力，满足学生对社会实践、对真实市场环境的体验需求，能够激发学生创新创业的意识，提高学生创新创业能力。（马燕韦、洁桦，2018）

构建新型课堂教学模式——"三个课堂"教学模式，即以学科课堂教学为中心培养的"第一课堂"，它是实现创业能力培养的基础；以课外科技活动为中心培养的"第二课堂"，它是实现创业能力培养的初步阶段；以参与校外具体实践为中心，构建产学研合作教育模式培养的"第三课堂"，它是实现创业能力培养的高级阶段和目标。（徐茗臻、臧明军、钟云萍，2006）

因此，提升创业导师的实践教学能力，要加强对他们的培训，学校应制定相应的考聘制度和标准，激励他们到企业去实践；学校还要进行教学改革，创建科学的教学体系，创新教学组织形式，以多种方式锻炼提升创业导师的实践教学能力，从而提升整个学校的办学水平和人才培养质量。

第五节　创业导师发展计划

综上所述，总结在研究中发现的问题：

一是创业导师中，男性比女性多，男性比女性更愿意从事创业指导工作；创业导师年龄结构、学历结构需要调整，建立稳定的创业导师队伍很重要。

二是高校需要培养更多专职创业导师，选派创业导师参加企业培训，去企业进行挂职锻炼。

三是创业导师普遍同意通过第二课堂提升学生的创业实践能力。

四是创业导师专业素质直接影响课堂管理和教学实践，专业素质越好，课堂管理和教学实践就越好，所以提升创业导师的专业素质是根本。

五是提出了一个创业导师培训发展计划，以帮助创业导师提升自身素质，改善他们的课堂管理和创业实践教学能力。

针对以上问题提出建议：

一是各高校可根据自身特点和实际情况制定创业导师培训计划和考核标准。

二是创业导师需要不断更新观念，提高教学科研水平，才能更好地完成创业指导工作。

三是创业导师在指导学生创业实践时，可以采用"线上课程教授＋线下活动指导"的方法。

四是创业指导教师要加强对学生创业大赛的指导，达到以赛促教，以赛促学的效果。

五是创业导师的培训发展计划可以提交实施。

在此提出创业导师的培训发展计划。

一、教师素养方面

1.创业导师要加强自主学习,不断提升自己各方面能力水平。主动参与各种学习培训,更新创业教育理念,善于反思、总结、专研、创新,提高教学科研能力,获得自身发展。

2.创业导师要丰富创业实践经验,有效指导学生,帮助他们提高创业能力。深入企业了解创业程序,掌握创业规律。了解国家创业政策,提升市场敏锐度。改革创新教学模式,指导学生开展创业活动。

3.创业导师对创业教育事业无限热爱与忠诚,调整心态,竭尽全力做好本职工作。爱岗敬业,关爱学生,直面困难,努力探索,以高标准、严要求促使自己进步。

4.创业导师通过职业规划制定发展目标,合理定位,通过实现目标实现专业化成长。要了解个人特质,了解创业指导工作特点及发展需要,设定自己的发展目标。

5.高校要制定创业导师培训计划,提升创业导师能力素质。制定系统全面的分阶段的创业导师培训计划,使培训贯穿于创业导师成长的整个阶段。

6.高校制定完整的创业导师聘任制度,选拔优秀教师加入创业导师队伍。根据创业导师能力素质设定选拔标准,招聘素质全面、发展潜质好的教师。

二、课堂管理能力方面

1.高校要构建有利于大学生创业能力培养的教学管理模式,实现培养大学生创业能力的管理目标,运用多样化的教学组织形式和教学手段来激发学生的创新创业意识。

2.创业导师构建民主和谐的课堂气氛,激发学生的创业热情,以学生为中心,引导学生主动学习,激发学生的创业热情,唤醒学生的创业动力。

3.高校要与企业合作,以此来增加创业活动的吸引力,满足学生对真实市场环境的体验需求,与企业合作建立实践基地,带领学生体验创业过程。

4. 高校要创建以提升大学生创新创业能力为目标的第二课堂教学体系。将对社团活动、创业比赛、课外科技创新活动的管理纳入教学管理体系。

5. 构建"线上＋线下"混合式教学模式，发挥线上教学资源丰富、不受时空限制、互动交流多样以及教学评估便利等优势。通过线上学习平台安排教学任务，以学生为中心精心设计线下实践课程，引导学生主动学习，激发学生的创业兴趣。

6. 创业导师要加强课堂管理知识的学习，坚持以人为本的管理理念，构建和谐师生关系。参加各类培训学习，不断提高管理意识和水平。

7. 创业导师要不断反思自己的课堂管理，在探究中思考和创造，获得能力的提升。定期开展教研室活动，通过听课、评课、评教等活动，听取其他教师和学生的意见，不断反思改进教学管理。

三、教学实践方面

1. 学校要建立实践教学规章制度，保障实践教学条件，确保实践教学的顺利开展。学校提供创业实践教学需要的专门设施，如多媒体教学设备、路演教室、摄像机、电脑等 。

2. 学校开展"双师型"教师认定工作，制定相应的监督机制和考核制度。创业导师通过企业实践或者培训取得专业技能证书。

3. 学校制定相关考核制度考评教师企业实践的效果，把创业导师去企业实践作为职称评聘的必备条件。高校在职称评聘、岗位聘用、年度考核时突出教师的实践教学能力。

4. 将第二课堂建设纳入人才培养体系进行系统化建设。将创业实践、创业大赛的组织等内容列入学院人才培养方案中，大力支持创新创业比赛等活动。

5. 加强对创业导师的培训，提升导师的创业实践指导能力。制定长期、分阶段创业导师的培训计划。

6. 学校设立专项经费和奖励资金，奖励在比赛和活动中有突出表现的师生，在全校形成浓厚的创新创业氛围。鼓励师生参加各类创新创业比赛，参与创新创业项目申报。引导他们通过比赛促进教学，将所学知识转化为教学成果，真正做到以赛促教、以赛促学。

参考文献

[1]　刘海春，谢秀兰，娄会东. 中外创新创业教育理论与实践 [M]. 广州：广东高等教育出版社，2016.

[2]　李家华. 创业教育 [M]. 北京：北京师范大学出版社，2013.

[3]　李伟. 创新创业教程 [M]. 北京：清华大学出版社，2015.

[4]　李肖明. 大学生创业基础 [M]. 北京：清华大学出版社，2009.

[5]　张涛. 创业教育 [M]. 北京：机械工业出版社，2012.

[6]　陈叶梅，贾志永，王彦. 大学生创新创业基础 [M]. 成都：西南交通大学出版社，2018.

[7]　张昊民，陈虹，马君. 日本创业教育的演进、经典案例及启示 [J]. 比较教育研究，2012（11）.

[8]　张育广. 美日两国高校创业教育的比较及启示 [J]. 东莞理工学院学报，2010（2）.

[9]　张彩霞. 教育供给侧改革下高校创新创业教育对策研究 [D]. 黑龙江大学，2018.

[10] 林成华. 重塑创新创业教育理念 [N]. 光明日报，2019-10-29（14）.

[11] 夏小华. 国外高校创新创业教育的经验与启示——以美国、德国为例 [J]. 鸡西大学学报，2014（6）.

[12] 张自军 . "中国梦" 引导下的高校创新创业教育研究 [D]. 黑龙江大学，2018.

[13] 李志永 . 日本大学创业教育的发展与特点 [J]. 比较教育研究，2009（3）.

[14] 田玲，郭炼 . 论德国大学创业团队建设对我国的启示——以慕尼黑工业大学为例 [J]. 现代经济信息，2015（15）.

[15] 胡桃，沈莉 . 国外创新创业教育模式对我国高校的启示 [J]. 中国大学教学，2013（2）.

[16] 李双 . 国外高校创新创业教育模式对我国高校的启示 [J]. 亚太教育 ,2016（31）.

[17] 李磊 . 国外创业教育经验对我国高校创业教育的启示 [J]. 职业教育，2015（2）.

[18] 李志永 . 日本大学创业教育述评 [J]. 外国教育研究，2009，36（8）.

[19] 朱春楠 . 韩国高校创业教育动因及特色分析 [J]. 外国教育研究，2012，39（8）.

[20] 徐小洲，臧玲玲，创业教育与工程教育的融合——美国欧林工学院教育模式探析 [J]. 高等工程教育研究，2014（1）.

[21] 沈新建 . 应用型本科高校教师实践教学能力提升研究 [J]. 内蒙古财经大学学报，2020，18（6）.

[22] 黄慧 . 应用型本科高校教师实践教学能力提升研究 [J]. 现代职业教育，2021（3）.

[23] 高飞 . 创新创业能力培养目标下应用型本科高校的实践教学改革研究 [J]. 创新创业理论研究与实践，2020，3（24）.

[24] 张地容，杜尚荣 . 试论 "以生为本" 的教师核心素养 [J]. 教学与管理，2018（12）.

[25] 陈文亮，杜丽娟 . 高校创新创业教师职业核心素养的实然状况与应然诉求 [J]. 华北理工大学学报（社会科学版），2020，20（1）.

[26] 张翔，杨川 . 高校创新创业教师的素质要求及培育路径 [J]. 教育研究，2018（5）.

[27] 张英杰 . 高校创业教育教师的学术创业能力评价及提升路径 [J]. 高校教育管理，2018（2）.

[28] 高飞.创新创业能力培养目标下应用型本科高校的实践教学改革研究 [J]. 创新创业理论研究与实践，2020，3（24）.

[29] 杨秋玲，唐小洁，黄高雨.应用型高校创新创业实践类课程教学改革研究 [J]. 高教学刊，2020（18）.

[30] 黄慧.应用型本科高校教师实践教学能力提升研究[J].现代职业教育，2021(3).

[31] 王玮.完善创新实践教育与竞赛体系，提高大学生创新创业能力 [J]. 创新创业理论研究与实践，2018（2）.

[32] 何小溪，仲伟峰，周威.创新人才培养实践教学体系的探索与构建 [J]. 黑龙江教育（高教研究与评估），2014（1）.

[33] 杨淑萍.高校教师实践教学能力现实样态及培养路径探究 [J]. 黑龙江教育学院学报，2018（6）.

[34] 林成华.重塑创新创业教育理念 [N]. 光明日报，2019-10-29（14）.

[35] 陈育芳.美国高校创业教育师资队伍建设的经验与启示 [J]. 高等理科教育，2019（6）.

[36] 何岑，孙曼丽.英国高校创业师资队伍建设的特点与启示 [J]. 创新与创业教育，2019，10（6）.

[37] 武鹏，王佳桐.韩国高校创业教育课程体系及其运行特点探析 [J]. 中国高教研究，2020（8）.

[38] 张丹.高职院校就业创业指导师资队伍建设分析 [J]. 当代教育实践与教学研究，2019（11）.

[39] 钟颖."双创"背景下大学生创业指导教学团队建设研究 [D]. 武汉理工大学，2018.

[40] 王艳茹.高校创业导师培养模式研究 [J]. 创新创业教育，2013，4（5）.

[41] 王春梅.应用型本科教师就业创业指导队伍建设路径研究 [J].科学技术，2017（17）.

[42] 赵慧琴.地方高校创业指导师资队伍建设研究 [J].人力资源开发，2017（18）.

[43] 李青，严守宝，师翠娥.地方应用型本科院校就业创业教师队伍建设——以某师范学院为例 [J].经济师，2020（10）.

[44] 王霓虹，李福华.新时代教师专业素质的内涵、结构及其优化路径 [J].山东高等教育，2023（1）.

[45] 曹建巍，丁敏，赵文进.高校教师职业道德的结构模型与治理机制 [J].黑龙江高教研究，2023（5）.

[46] 王振北，王北生，张庆宇.角色定位、专业素质与未来教师发展的成长路径 [J].河南教育，2021（1）.

[47] 赵思，梁志平，王一曼.新时期高校教师在教学实践中如何提高专业素养 [J].中外企业家，2020（14）.

[48] 李黄珍.创业教练：帮你走上创业之路 [J].职业，2006（1）.

[49] 汤健.安徽省应用型本科院校创新创业导师队伍建设：现状、影响因素及对策 [D].安徽大学，2017.

[50] 聂晨曦.新时期广东创新创业导师能力素质研究 [J].科技管理研究，2019，39（19）.

[51] 周扬.优化创业导师队伍与提升创业教育实效性研究 [J].创新与创业教育，2017，8（6）.

[52] 陈艳丽.专业发展自主性：高校教师专业发展的核心要素——以就业创业指导教师为例 [J].中国多媒体与网络教学学报，2020（2）.

[53] 林莉.大学卓越教师专业素养及其生成途径研究——基于 58 位高等学校教学名师样本材料的内容分析 [D].重庆师范大学，2019.

[54] 张再生 . 职业生涯开发与管理 [M]. 天津：南开大学出版社，2003.

[55] 黄晓红 . 试论教师如何实行健康的课堂管理 [J]. 福建教育学院学报，2005（1）.

[56] 田慧生 . 教学论 [M]. 石家庄：河北教育出版社，1996.

[57] 施良方 . 教学理论：课堂教学的原理、策略与研究 [M]. 上海：华东师范大学出版社，2003.

[58] 高长青，朱继红 . 理性与感性相结合的课堂管理 [J]. 教学与管理，2020（12）.

[59] 马桂梅，马斌 . 课堂管理对大学生学习投入和学习收获的影响 [J]. 教育教学论坛，2020（47）.

[60] 徐茗臻，臧明军，钟云萍 . 构建大学生创业能力培养的"三班"教学管理模式 [J]. 陕西教育理论，2006（9）.

[61] 张伟贵 . 通过"三教室联动"培养旅游管理专业大学生创业能力探索 [J]. 亚太教育，2015（26）.

[62] 马艳伟，魏结业，李伟 . 工商管理第二课对大学生创新创业能力培养的影响研究 [J]. 广西教育，2018（7）.

[63] 李婷 . 基于创新创业能力培养的第二课堂教学体系构建探索——以新疆艺术学院为例 [J]. 黄河之声，2018（4）.

[64] 陈健俤，林峰森 . 大学生创新创业课堂教学改革实践探索 [J]. 中国多媒体与网络教学学报（上旬刊），2021（7）.

[65] 李慧君，易博玲 . 基于智慧课堂的高校创新创业课程质量提升路径研究 [J]. 山东农业工程学院学报，2021，38（8）.

[66] 叶玲丽，张学新 . 大学生创新创业大赛项目指导互动机制的探索与实践——基于对分课堂视角 [J]. 创新创业理论研究与实践，2021，4（11）.

[67] 王颖 . 从课堂到社区：空间转向中的创新创业能力培养研究 [J]. 中国成人教育，2021（9）.

[68] 郭允兵，罗群，潘梦如.智慧课堂背景下大学生创业基础课教学改革与实践——以淮南师范学院为例 [J]. 就业与保障，2021（7）.

[69] 闫艳 . 课堂教学目标研究 [D]. 华东师范大学，2010.

[70] 马燕，韦洁桦 . 工商管理类第二课堂对大学生创新创业能力培养影响的调研 [J]. 教育观察，2018（2）.

[71] 朱毓高 . 高职院校课堂环境管理研究——基于重庆九所高职的实证分析 [D]. 西南大学，2016.

[72] 徐建华 . 共建式高校课堂生态环境研究 [D]. 哈尔滨师范大学，2016.

[73] 顾明远 . 教育大辞典 [M]. 上海：上海教育出版社，1990.

[74] FRASER B J. Classroom Environment[M].London：Croom Helm，1986.

[75] 林君芬 . 网络课堂环境下的差异教学模式 [J]. 电化教育研究，2010（5）.

[76] 郑波 . 区域创新环境管理理论框架研究 [J]. 科学与管理，2009（6）.

[77] 鄢进波 . 高校本科生课堂环境问题研究 [D]. 上海师范大学，2011.

[78] 潘红 . 理解教育学：高校教学策略 [M]. 北京：北京大学出版社，2007.

[79] 马秋丽 . 论大学生的自我管理 [J]. 湖南科技学院学报，2005（6）.

[80] 周华明，黄智倩 . 产教融合背景下应用型高校教师实践能力提升实践——以福建省示范性应用型本科高校龙岩学院为例 [J]. 教师教育论坛，2021，34（1）.

[81] 李全艳，孙凌，王国峰，等 . 应用型本科高校教师创新创业实践教学能力提升研究 [J]. 中外企业家，2020（10）.

[82] 林毅，杨华琼，陈晓曼 . 应用型本科"双能型"教师实践教学能力提升研究 [J]. 科教文汇（上旬刊），2018（11）.

[83] 张利民，王素珍 . 产教融合背景下应用型本科高校教师实践教学能力培养对策研究 [J]. 物流工程与管理，2017，39（11）.

[84] 姚吉祥．应用型本科院校教师实践教学能力培养的对策研究——以安徽省应用型本科院校为例 [D]. 合肥工业大学，2010（3）.

[85] 艾小平．立足教师教育实践教学的"四元多维"模式研究 [D]. 华中师范大学，2017.

[86] 李兆，曹静，王永锋．应用型本科高校青年教师课堂教学能力提升的探索 [J]. 教育现代化，2018（46）.

[87] 马容．浅谈构建高职教师专业实践能力培养体系 [J]. 教育科学与人才培养，2012（5）.

[88] 李婷．基于创新创业能力培养的第二课堂教学体系构建探索——以新疆艺术学院为例 [J]. 黄河之声，2018（4）.